如何说孩子才会听，怎样听孩子才肯说

文　德　编著

吉林文史出版社

图书在版编目（CIP）数据

如何说孩子才会听，怎样听孩子才肯说 / 文德编著
. -- 长春 : 吉林文史出版社, 2020.1（2024.8重印）

ISBN 978-7-5472-6660-1

Ⅰ. ①如… Ⅱ. ①文… Ⅲ. ①家庭教育—教育心理学
Ⅳ. ①G78

中国版本图书馆CIP数据核字(2019)第238541号

如何说孩子才会听，怎样听孩子才肯说

RUHESHUOHAIZICAIHUITING，ZENYANGTINGHAIZICAIKENSHUO

编　　著　文　德

责任编辑　张雅婷

封面设计　末末美书

出版发行　吉林文史出版社有限责任公司

地　　址　长春市福祉大路5788号

电　　话　0431−81629353

网　　址　www.jlws.com.cn

印　　刷　北京永顺兴望印刷厂

开　　本　880mm × 1230mm　1/32

印　　张　4

字　　数　80千

版　　次　2020年1月第1版　2024年8月第3次印刷

定　　价　19.80元

书　　号　ISBN 978−7−5472−6660−1

前言

\PREFACE\

做父母的都不求回报地爱着自己的孩子，都愿意尽其所能地给予孩子最好的，同时期望自己的孩子能成龙成凤。但家庭教育不仅需要爱，更需要方法。为人父母的你，是否常常觉得和孩子有距离感，常因各种问题发生争执？是否觉得孩子对你的叮嘱和教导不理解、不接受，甚至故意对着干？

当家庭教育出现类似问题时，父母大都把矛头指向孩子，并为其加上一堆让自己难过、让孩子痛苦的“罪名”，却很少会换位思考、首先分析自己的态度与行为。殊不知，没有教育不好的孩子，只有不会教育的父母。成功的家庭教育，首先源于良好的亲子沟通，而失败的家庭教育，一定是沟通出了问题。所以为人父母者需要学习沟通的技巧，在“如何说”“怎样听”这两方面多多用心，善于说更要懂得听。

巧妙说孩子才会听，善于听孩子才肯说。父母恰当的语言能搭建起与孩子心灵对话的七彩之虹，父母用心倾听才能捕捉到有效信息，找准教育的切入点。父母要及时沟通，消除隔阂，清扫孩子内心的尘埃，帮孩子营造一片晴朗的天空。父母要听出孩子的潜台词，把话说到孩子的心坎里，以父母、老师同时是好朋友的身份，陪伴孩子健康快乐地成长。具体来说，你需要打造你的语言，让孩子清楚、透彻地理解你的话；你需要学会给语言穿上“糖衣”，让孩子爱听你说话；你需要给孩子表达的机会，让孩子主动说出心里话；你需要学会说服和倾听的技巧，让沟通的过程变得温馨而愉快……

为了建立这个快乐沟通的平台，本书围绕“如何说”和“怎样听”两个主题，阐述了完美亲子关系的本质规律和关键点，并配有相应的练习题，提供了可行的思路和操作性建议，让父母切实掌握这些技巧，灵活运用，随时应付各种情况。书中提供的互相尊重而又切实可行的沟通方法，仿佛一把打开孩子内心世界的钥匙，能指引你切身体会孩子内心的感受，把和孩子的矛盾化解于无形之中，缓解所有年龄段孩子与父母的紧张关系。

目 录

\CONTENTS\

第一章

帮助孩子面对他们的感受

倾听，沟通的第一步

放低姿态，把倾听当作一种愉悦

其实，每个孩子都有希望父母关注和倾听自己说话的渴求。作为父母，对于孩子的这种渴求当然也应当尽力去满足，并且在倾听孩子说话的同时，放低自己的姿态，不做指导者，给予孩子平等和尊重，这样更能使孩子感受到你是在乎和关心爱护他的，这对于培养孩子的语言能力来说至关重要。

此外，对于那些不听话的孩子，也只有放下姿态，倾听他们说话，父母才可能真正地了解其不听话背后真实的想法。

在现实生活中，当遇到孩子不听话的时候，大多数父母都只会摇头、吐苦水：孩子内心究竟是怎么想的？他怎么什么都不肯告诉我？然后抱怨孩子不懂事。

实际上，要想打开孩子的心门，探究他的内心世界，父母能做的就是放下自己的姿态来倾听。

耐心倾听孩子的诉说，让孩子体会到关爱和温馨，这才能使孩子与父母更加亲近。许多父母虽与孩子朝夕相处，但却不曾真正了解孩子的想法。如果父母不了解孩子的想法，那就很难有效地应对孩子的不听话行为。

父母要想纠正孩子的不听话行为，就需要放下姿态，亲近孩子，倾听孩子，走进孩子的内心。

每个不听话的孩子心里都有一个声音，只要做父母的放低姿态就一定能听得见。

此外，对于建立和谐的亲子关系而言，父母放低姿态来倾听孩子说话也是必不可少的。没有人喜欢跟一个整天高高在上的人讲自己的心事，孩子也是如此。

总之，放低姿态，倾听孩子的诉说，对父母和孩子而言都是有益处的。那么，父母应该如何放低姿态，倾听孩子的心声呢？

尊重孩子的话语权

很多家长会习惯性地忽视孩子的讲话，不尊重孩子的话语权，不重视倾听孩子的心声，时间久了之后，就会严重影响亲子关系。

更为重要的是，话语权得不到尊重的孩子，慢慢地就不再跟父母分享自己生活和学习中遇到的问题了，作为父母也就很难知道孩子心里真实的想法，而这样对孩子的教育也是非常不利的。

不尊重孩子的话语权，也会影响孩子其他能力。家长如果不能尊重孩子的话语权，想打断就打断，一方面不利于孩子语言能力的提高，另一方面也容易让孩子产生自卑心理。所以，尊重孩子的话语权，让孩子自由地说出自己内心的想法，对孩子的成长至关重要。

下面总结了一些家长习惯性的不当行为，可以对照一下，你是否也有类似问题：

1.从来都不注意孩子倾诉的需求，当孩子主动找你说话的时候，总是以忙为理由，不愿意去倾听。

2.当孩子兴致勃勃、滔滔不绝地讲话时，你总是习惯将其打断。

3.能够在生活方面将孩子照料得很好，但在真正平等地对待孩子、注意孩子自尊方面做得很不够。

4.如果孩子在学习和生活上有什么问题，不愿意听他们的倾诉，更不愿意帮他们分析原因。有时根本不等孩子把话说完，轻则呵斥，重则打骂，孩子也就只好将话又咽了回去。

家长在教育孩子的过程中应该谨慎地避免以上习惯性不当行为的出现。我们都知道，人和人之间的沟通无非就是倾听和诉说，如果家长不尊重孩子的话语权，无疑是给自己和孩子之间筑了一堵厚厚的“墙”。

如果想要孩子敞开心扉和自己聊天，那么就先从尊重孩子的话语权开始吧。

从形式到内容表达对孩子的尊重

每一个孩子都渴望自己说的话能够受人重视。作为家长，我们应该尊重孩子的话语权，对孩子的倾诉多一些耐心，那么孩子遇到事情才会愿意和我们倾诉。

当和孩子在一起交流时，有些小节是必须要注意的，看看你是否都做到了：

谈话时用眼睛注视着孩子

不在孩子说话的过程中随意插话

尽量表现出对话题有兴趣

鼓励孩子发表他的观点

能够完整地听孩子讲述一件事

在某项重要原则上表达反对意见

听孩子说话，做到耐心、细心

和孩子交谈时不会随便打岔

和孩子交谈时不会随便否定

和孩子交谈时不会随便责备

看看我们能不能做到这些呢？做到了这些，你就能算得上是一个尊重孩子话语权的家长了。

作为家长，我们应该下功夫学习如何与孩子交流，并且学习多种方法引导孩子和我们交流，营造出更加友好的语言氛围。

耐心地听孩子把话说完

每个孩子都有自己的心声，但未必能像大人期待的那样表达清晰，作为家长一定要耐心倾听，这样才能真正了解孩子的想法和感受。

当孩子在说话时，要用眼睛看着他，表现出你有兴趣听。当实在忙时，要和孩子说明，并约定好可以交流的时间。如果家长在某一重要原则上表示不同意孩子的看法，应告诉孩子不赞同他的什么观点，并说出理由。但是在提出反对意见时不要过于武断，应等孩子说完他要说的话后再评断。即使孩子说得不对，也要控制住火气，不妄下定论。

家长耐心地倾听孩子的诉说，不仅有助于了解孩子真实的想法，还能够让孩了把更人的兴趣投入到谈话中去。相反，如果家长没有耐心倾听孩子的诉说，孩子对谈话的兴趣也很容易就降低了。

我们都知道，孩子对世界充满好奇，他们的脑子里也经常充满各种问题。大多数父母在孩子问第一个问题的时候还是充满耐心的，如果孩子连问三个问题，一些父母往往就会不耐烦了，粗暴地打断孩子，不让孩子再问了。这种做法其实极大地伤害了孩子的好奇心。

家长在和孩子交谈时，还有一些细节需要特别注意：如家长一边忙自己的事情，一边听孩子说话；随意打断孩子说话；随意打断孩子的提问，这些行为都会让亲子沟通大打折扣。

静下心来，耐心地听孩子把话说完，走进孩子的世界，回答孩子的问题，这样才能创造更多与孩子交流的机会，才能真正地做到教育好孩子。否则，所谓的“教育”只能称为抚养。

鼓励孩子说出内心的想法

在家庭教育当中，很多父母都认为培养孩子的独立性是一件很重要的事情。可是独立的第一步从哪里开始呢？那就是父母应该允许孩子有自己的观点和看法，并且鼓励孩子说出来，甚至当孩子的观点和自己的想法有冲突的时候，鼓励孩子与自己争辩。

当一个人对很多事情开始有了自己的想法时，就说明他开始独立思考了。因此不要阻止孩子说话，要知道在当今社会，培养一个会说话的孩子比培养一个会听话的孩子更重要。当一个孩子说出自己想法的时候，实际上也是其思考和加深对周围事物理解的过程；如果一个孩子能与父母争辩，那么就意味着他自我意识不断增强和心智日益成熟。

没有一个孩子的思想是在一夜之间能够变成熟的，他们需要一个成长和提高的过程，在这个过程中，他们很渴望说出自己的想法，有时候也难免会和父母发生争论，这就要求父母摆好自己的心态，不要为了维护自己所谓的“权威”而昏了头脑。

孩子有自己喜欢的娱乐活动，这本来是再正常不过的事情，但是家长却认为这是不务正业，不由分说地对孩子大加责备。

在鼓励孩子说出自己内心的想法时，最忌讳的就是拿家长的权威去压孩子。有些时候，孩子可能会迫于家长的权威，说出一些违心的话，甚至撒谎。

总之，父母在教育孩子的过程中，只有鼓励孩子说出自己内心的想法，才有可能让自己的教育起到积极的作用。那么父母怎样鼓励孩子说出内心的想法呢？

鼓励孩子说出内心的想法

鼓励孩子将心中的想法说出来，这是走向成功沟通的第一步。不认真倾听孩子说话，不让孩子把话说完，这是对孩子的不尊重，久而久之，会伤了孩子的心，并且使孩子产生和家长的对抗情绪，造成沟通困难。

1.再无聊的话也要鼓励孩子说下去。

孩子对你说："妈妈，我今天做了一个很美好的梦……"你会有什么反应？

A.一个梦有什么好说的？打断孩子的话

B.认认真真地听孩子讲他的梦

我们家长要想和孩子沟通，最重要的是尊重和理解孩子，让他有话痛快地说。多听孩子的话，就能够更多地了解孩子的想法，进而我们可以摸准孩子的脉，沟通上就会畅快很多。

我们要对孩子说的话表现出极大的兴趣和认真的态度，这才会使孩子对父母产生亲近感。孩子一旦认为自己所讲的话被父母接受了，那么他们就会对说话产生自信。

2.多听少说，给孩子话语权。

很多时候，父母与孩子交流时未必一定要说什么，安安静静地听孩子把话说完，可能就已经满足了孩子心理和情感需求。在孩子说话时，父母的关注、尊重和耐心，是对孩子最好的理解和帮助。

平和、耐心地去倾听孩子的内心想法，不要着急去判断，那么我们一定能够听到孩子最善良的心语。有的时候我们与孩子沟通不良的一个重要原因就是：我们过于主观，并没有静下心来倾听孩子的真实想法，还埋怨孩子，随意打断孩子的话，使孩子关闭了心灵的窗户，再也不愿意和我们交流了。

让孩子从容面对他们的感受

怎样让孩子感受好些？那就是接受他们的感受。

在日常的生活中，可能很多人都有这样的经历：当被人理解之后，内心就会感到温暖，在这种情况下的人通常容易敞开心扉畅所欲言。而当一个人感到自己不被人理解的时候，就会感到委屈孤独，什么都不愿意说，甚至刻意疏远他人。

成人如此，孩子也一样。所以，家长在注重爱护孩子、教育孩子的时候，也应该设身处地地把自己放在孩子的角度考虑他是否可以接受。在孩子突然发脾气的时候，先不要指责他，而是理解孩子的感受，从而让孩子心情渐渐平复。

很多家长为自己的孩子感到头痛，他们认为孩子从来都不会说出自己心里的话，尤其是生气的时候，只是一个劲地无理取闹。很多父母总是不自觉地站在大人的角度，只对孩子所做的事情进行评论，却忽略了孩子的感受。

天下父母都希望自己的孩子顺心如意、没有烦恼，但这是不可能的。不良情绪来了，与其逃避和压抑，不如站在孩子的角度，先接受孩子的这种糟糕的感受，然后和孩子一起去解决问题。

从孩子的角度来理解他们的感受

孩子眼中的世界和大人眼中的世界是不同的，我们不可以用成人的规则去要求孩子，而是应当将自己置身于孩子的立场，肯定孩子的想法。你能做到吗？

1.孩子做了错事，但是你能客观地挖掘出他的优点并加以肯定吗？

孩子出于好奇拆掉了家里新买的收音机，你会怎样？

A.狠狠地训斥

B.肯定他的好奇心

面对这样的问题，如果父母考虑到孩子的好奇心，就会对孩子的行为有所宽容。但是更多的父母会站在成人的角度，对孩子的决定、选择，都持一种怀疑或者是否定的态度，这样很容易使孩子产生自卑情绪和挫败感，造成亲子关系的疏离。

父母和孩子之间不是主仆的关系，应该相互关心和尊重，我们冷静客观地站在孩子的角度来看待问题，用孩子的眼光来审视出现的问题，才能够赢得孩子的信赖。

2.你能够做到客观地放弃对孩子的成见吗？

当孩子有些事情做得让你不满意，你会怎样认为？

A.这个孩子好笨，你很不满

B.在他的年龄层算是不错了，你相信他

有一些家长，往往对自己的孩子要求特别严格，会对孩子的行为有各种不满意、各种指责，似乎孩子就应该什么都知道。这样的做法实在是很不应该，因为孩子和大人在思维方式上有很多不同。如果我们总是以一种成人的眼光来看待孩子，并且对孩子抱有成见，这对孩子来说是不公平的。

越担心，他们越困惑

现在的很多孩子都是独生子女，都是家长的掌上明珠。家长们总是觉得孩子还小，愿意帮他们做一切。家长本以为自己无私的爱就能保证孩子幸福健康地成长，可是孩子并不这么认为，反而认为家长妨碍了自己成长的自由，从而引发不快和矛盾，影响了亲子关系的和谐。

爱孩子是人之常情，但是在爱孩子的过程中，要讲究原则、把握尺度。要知道，家长和孩子看问题的方式不尽相同，所以，聪明的家长应该学会站在孩子的角度考虑问题，充分尊重和理解孩子的想法，不要因为心中有爱就对孩子过度约束。要知道，爱得多不如爱得对，真正的爱应该是孩子成长道路上的不竭动力，而不能成为孩子前进的阻碍。

如果家长总是觉得孩子什么都做不好，什么都不愿意让孩子自己去尝试，孩子也会在内心对自己产生不信任感，这对孩子以后各种能力的发展都会产生不良影响。因此，如果家长真正爱孩子，就应该给予孩子适度的自由，让他们根据自己的意愿和兴趣爱好，自由地学习和探索。

不少教育专家提醒父母：不要抓紧孩子，担心太多，这样孩子只会越来越困惑。相反，要给予他们自由和鼓励，孩子会表现出优秀懂事的一面。

每个父母都想成为好父母，做称职的父母，希望自己可以给孩子前进的动力，那就不要再去轻易地否定孩子，而是去鼓励孩子，让他们在实践中得到一些情感的满足，获得一些前进的经验。这才是真正称职的父母，这才是真正地爱孩子。

鼓励孩子做一切他能做的事情

放手并不等于放任，作为家长我们要给予孩子方式、方法上的指导，其余的则要鼓励孩子自己动手实践。我们用这种方法来支持孩子走上独立成长的路，同时也为孩子指明了前进的方向。如果我们什么事情都习惯代替孩子包办，那么孩子就不会得到锻炼，以后也就只能长期依赖父母了。

最好用鼓励的方式来引导孩子自己做事情，这样既不需要我们代劳，同时还会让孩子收获成就感，一举两得。

举个例子，看看我们如何来做：

幼儿园有一项活动，要孩子用线来穿珠子。你坐在孩子旁边，你想为他做些什么呢：

A.看到孩子笨拙的小手就着急，帮他穿好

B.帮他做一半，他拿珠子，我穿线

C.什么都不做，静静地看孩子自己穿

想一想，这三种做法，哪一种会让孩子得到的锻炼最多？无疑是最后一个，我们还可以一边观察孩子，一边给予鼓励：“再来一次，没问题，你肯定行的。”

我国著名的教育家陈鹤琴说过：“凡是孩子能够自己做的，应该让他自己做。”放手让孩子做事，我们会发现孩子的潜力无穷大。但是如果我们一直是“大手帮小手”，我们的孩子也会在无形中被剥夺许多发展的机会。

切忌对孩子不闻不问，放任自流

一些父母鉴于严格管教孩子的弊端，主张让孩子顺其自然地成长。实际上，这种观念是有偏颇的，对孩子管得太严极易使孩子反感并产生逆反心理，而对孩子不闻不问、放任自流也不能很好地引导和教育孩子，会让孩子失去行为标准，甚至养成一些坏习惯，而这些坏习惯是会陪着孩子一生的。

认为“树大自然直”，对孩子放任自流的父母实际上是忽视了孩子成长的特点及孩子成长中环境因素的重要影响。在最初的时候，孩子就是一张白纸，后天的教育和环境对于孩子个性的形成和发展、思想观念和道德品质培养等有深远影响。

因此，要想孩子健康成长，父母应该进行适当的干预和引导，切忌对孩子不闻不问、放任自流。但在管教孩子的时候，父母应该掌握两个要点：

首先，父母应该掌握好分寸和尺度，不可管得太严。父母只有先掌握好管教的分寸和尺度，既关心和爱护孩子，又不过分限制孩子，不约束或缩小孩子自由发展的空间，积极为孩子创造出愉快轻松的环境，孩子才能健康成长。

其次，父母应该随时做好孩子的榜样，在教育孩子之前先纠正自己的不良行为。家庭是孩子接受教育的第一课堂，父母就是孩子最初的老师，只有父母先做好示范，孩子才会有样学样，接受好的影响。当父母行为不端时，孩子也会出于模仿而做出不好的行为，所以，想教育好孩子，父母先要以身作则，纠正自己的不良行为。

总之，在教育孩子的过程中，父母会遇到很多问题，但只要父母心中有爱，坚持正确的教育方式，就能教好孩子，切忌对孩子不闻不问、放任自流。

接受孩子感受和限制孩子行为

没有不能接受的感情

多多的爸爸妈妈是上班族，从多多出生开始，他们就专门雇了一个保姆来照看多多。对于这位保姆阿姨，多多在不会说话的时候还是表现出很喜欢的样子，可是从他1岁零1个月开始，每到早上妈妈要去上班，多多就嚷嚷着“打阿姨，打阿姨”，这样一直持续了一年。在这一年当中，多多的妈妈变换各种方法与孩子沟通，最终证实了孩子的感情可以接受，孩子的行为可以控制。

即便是在成人世界中，人们也会用“气死我了”“我想揍他”这样粗暴的言语来表达感情，为什么就不能容许一个孩子这样表达呢？毕竟，孩子所懂得的语言并不多。当然，对于这种粗暴的语言背后的情绪，父母得及时疏导，而不是要堵住孩子发泄情绪的途径。

此外，由于孩子的语言表达能力和思维能力不像成年人那样完善，他们对于感情的表达也不会像成年人那样完善。相反，他们的表达和思维都是简单化的，尤其是学龄前的儿童。

孩子对于一件事情喜欢与不喜欢，几乎都是出于自己的感情需求，而不是大人所谓的道德上的要求。他们偶尔会说讨厌父母，可能只是父母忘记了答应过的周末带孩子去游乐园。所以，不能用大人的道德要求去评断孩子的感情，相反，要试着去接受孩子的感情，了解在大人看来不能接受的感情背后隐藏着孩子怎样的需求。

尤其值得注意的是，如果父母只是粗暴地制止或者纠正孩子，很有可能让孩子学会撒谎。

此外需要提醒家长的是，在接受孩子的情感时，不仅仅是单纯地了解一下孩子的感情需要，有时候也需要平复一下孩子的情绪。相信大多数的家长都会发现，伴随着孩子一些不可接受的感情而来的还有孩子的愤怒。

每个人都渴望自己能得到他人的理解，孩子尤其如此。因此，家长在面对孩子的不良情感时，不妨敞开胸怀去理解孩子，接受孩子的这种感情，这样会拉近孩子和家长的距离。

怎样理解和接受孩子的感受

有几个家长敢说自己是真正了解孩子的？

很多家长会自以为是地回答道：我是家长，当然是最了解我的孩子的，如果我都不了解自己的孩子，谁还会了解他呢？

可是，如果家长只是简单地说“我了解你的感受”，那样并不会得到孩子的相信和认同。他们会说：“不，其实你根本就不了解。”但是，如果家长把孩子的感受表达得更加细化，效果就不一样了。

比如，孩子要上小学了，家长说“我知道你不愿意去上学”，这样的说法可能并不会得到孩子认同。

但是，如果把问题细化，比如说“刚入学的这段时间，肯定是有些紧张的，有很多新东西需要去学习适应”，这样孩子就会觉得家长是真正理解他的。

家长可以试着多了解孩子的感受，不要怕弄错，因为孩子会在不经意间纠正你。

家长们大可不必要求自己每次都对孩子的感受做出准确的判断，只要做到用自己的全力来理解孩子的感受，就足够了。

除了理解孩子的感受，接受也是很重要的，比如孩子在说“我讨厌你”或者“我恨你”的时候，家长们要如何来回应呢？可能这样的话会让大部分的家长感到难过，这时要冷静下来，想想用什么样的方式来处理才是最好的。

你可以对孩子说“我不喜欢我刚才听到的话，如果你对什么事情不满意，生气了，可以直接跟我说”。

此外，父母除了要接受孩子的感受，更要了解孩子的期待。孩子认为家长是自己最亲近的人，就应该和自己一同分享快乐、战胜困难、同悲同喜。当他进步了，别人可以忽视，但是家长的赞扬不能少。他内心有疑惑，别人可以不当回事，但是家长的关切询问不能少。他遇到了困难，别人可以充耳不闻，但是家长的热心帮助不能少。孩子对家长的期待，就像家长对孩子的期待一样，真切又热烈。

作为家长，如果不能用细腻的心来感受孩子的期待，那也就不能体会到孩子的感情，不能理解孩子的行为。

久而久之，孩子和家长之间的交流必定会变得生疏甚至产生隔阂，最终，孩子会对家长失望。

总之，理解和接受孩子的感受，了解孩子的期待，也是家长的必修课。

接受孩子的感受，一切都可以解决

当我们的孩子难过时，他会习惯通过一种方式来倾诉他的痛苦，比如大喊大叫、打打砸砸……通常这种发泄方式比较野蛮。但是，如果你足够细心就会发现，当孩子发泄之后，会慢慢安静下来。

那么，当孩子情绪不好了，出现了上述的状况，你是怎么来应对的呢？

A.大声地呵斥孩子

B.哄孩子，并对孩子借机提出的条件百依百顺

C.让孩子表述清楚自己的心境

有一种方法不仅能够让家长感觉舒服，又能够让孩子感到满意，那就是——画出心里的感受。一面交给孩子纸和笔，一面对孩子说："来，告诉我吧，你到底有多生气，把你的感受表达出来吧。"

这样做有两点好处，其一是避免滋长孩子的暴脾气，其二是让孩子明白他的感受是会被接受的。

可能有的家长会担心，如果接受了孩子的所有感受，是不是意味着默认孩子都是对的？这算不算是溺爱孩子呢？

其实我们大可不必这么想，因为只有当孩子的行为被全盘接受时，才叫溺爱。接受孩子的感受，叫理解，并不叫溺爱。

比如说，当孩子用勺子在饭碗边乱敲，我们可以对孩子说：“这样敲是不是挺好玩？”这样的说法会得到孩子的认同，他觉得我们是理解他的。随即，我们可以拿走勺子和碗，对孩子说：“饭碗是不可以用来敲的，我们去敲小鼓和小木琴，好不好？”

当孩子的感受被接受了，他和我们的关系会更加融洽和谐，同时他也会更加愿意遵守我们为他设定的界限。

隔代没有隔阂，必须坦诚相待

青春期的孩子总是充满了小秘密，他们有时候不愿意跟自己的父母分享，喜欢把这些小秘密写进日记本，也有一些父母很想知道这些小秘密，甚至偷偷地看孩子的日记。虽说是为了了解孩子的需要，可还是惹得孩子很反感，甚至引起父母和孩子之间的激烈冲突。

细心的家长可能会发现，孩子有时喜欢在自己的抽屉上加一把锁，似乎里面藏着什么秘密。他们试图在宣告自己已经有了一个隐秘世界，不想再像童年时期那样，心里有什么话都向父母敞开心扉。

这是一种正常的心理特征，它体现了一种独立意识和自尊意识。

每个人都有被尊重的需要，包括孩子在内。虽然每个人的财富、地位、能力、学识等有诸多差异，但在人格上是平等的。维护自尊是人心里强烈的愿望，因此满足被尊重的需要对人来说显得尤为可贵。心理学家将人的这种心理规律称为尊重需要定律。马斯洛认为，尊重需要得到满足，能使人对自己充满信心，对社会满腔热情，体验到自己活着的用处和价值。

然而，在许多父母眼里，子女似乎永远是长不大的孩子，他们没有意识到孩子已经有了自己独立的人格和自己的隐私，随意闯入孩子的“隐秘世界”，包括拆信、监听、悄悄查看日记以及打骂、禁闭等，这样只能伤害孩子的自尊心，影响他的心理健康。

尊重孩子的“隐私世界”，不仅保护了孩子的人格，还能为父母赢得孩子的敬重和爱戴。

父母想看孩子的日记，无非是想了解他的生活，窥探他的心思，可是这种做法往往是最糟糕的。

如果真想听听孩子的心里话，不妨拿出诚意来，光明正大的询问总比嘀嘀咕咕的猜疑要好很多。

其实，要做到隔代没有隔阂的和谐亲子关系，坦诚相待是必须的。当父母很坦诚地把自己对孩子的担忧和关心，用一种温和的态度告诉孩子的时候，孩子自然也会心平气和地试着把自己的秘密告诉父母。

如果每个父母都能尊重孩子的意愿，坦诚相待，在和孩子交谈的过程中，把孩子当成一个独立的个体，真正地关心孩子，试问孩子怎么会不愿意把自己成长中的事情跟父母分享呢？

让孩子心平气和地接受我们

在复杂的社会环境中，不健康的信息会无孔不入地侵入我们的生活，危害孩子的心灵。父母时刻担心孩子在外面会结交到坏朋友，或者是养成抽烟喝酒等不好的习惯。我们可以多留心孩子，在日常生活中注意观察孩子的言行，及时掌握这些属于孩子“隐私世界”的蛛丝马迹，以便对症下药，给予孩子正确的引导。

1.尊重孩子的独立人格

举例：当孩子不想让你翻他的抽屉，你是什么反应?

A.感慨，翅膀硬了不听话

B.和孩子理论，教训他

C.不让看就不看，那是他自己的

随着年龄的增长和独立人格的逐步形成，孩子的那种“保密性”需求越来越强，自己的日记、书信，一般都不愿意主动向父母披露。作为家长，不可以采用偷看日记、私拆信件那种“间谍手段”来了解孩子，而是应当转换一下角色，以朋友的身份来和孩子进行融洽的沟通，在充分尊重孩子人格的基础之上，与孩子平等地进行对话和情感交流。如果孩子对你够信任，他会主动说出隐私的。

2.培养孩子辨别是非的能力

举例：当孩子在某些问题上陷入困境，但又不愿意跟我们说，我们该怎么办?

A.置之不理

B.喋喋不休地抱怨孩子有事不说

C.采用旁敲侧击的方法

D.给孩子找一些具有指引性的图书

孩子逐渐成长的过程中，自我意识也在不断增强，但是他们还没有形成正确的人生观。由于是非观念不强，自制和自控的能力都比较差，所以孩子在处理学业、情感、人际关系等诸多问题时，很容易把握不好尺度。我们细心观察孩子思想动态的同时，还要根据孩子的性格、爱好和特征，有针对性地采取相应的措施，培养孩子明辨是非的能力，帮助他们形成正确、健康的人生观。

引导孩子行为时的禁忌

面对孩子的不良行为，家长要有耐心去引导他们，在引导的过程中，有一些行为禁忌需要注意：

第一，不要一直在孩子的耳边唠唠叨叨。假如认为有必要重复地说，那就要改变唠叨的语气，换成提醒的口吻。唠叨让人很厌烦，易招致怒气，提醒的语气听起来则有帮助的意味，表示家长是和孩子站在同一边的。

没有人喜欢被控制，也没有人喜欢他人在自己的旁边一直指手画脚告诉他应该怎么做，特别是如果这个“吩咐”并不有趣。家长越逼迫，孩子就越抗拒，不管他年纪多大。但这并不是因为他不想做、不想改，只是对家长这种持续的唠叨感到很反感。

持续不断的唠叨只会导致家长和孩子之间的对抗，制造矛盾。

聪明的父母从不规定孩子应该做什么、不应该做什么，而是放手让孩子去做。如果没有做好，也会耐心地帮他分析原因，鼓励他不要灰心，尽力而为。

第二，在这个过程中，学会尊重孩子也很关键。自尊心是影响孩子健康成长的重要心理因素，如果自尊受到伤害，他们会产生心理障碍，如自卑感和对抗心理等。因此，父母必须注意保护并培养孩子的自尊心。

在生活中，要注意孩子的点滴进步，及时加以肯定和鼓励。对孩子的缺点和错误要宽容，要给孩子说话和申辩的机会；即使是批评，话也不宜多。有些父母“苦口婆心”，类似“我像你这么大的时候”“你怎么就不能学学人家”之类的话一天要唠叨好几遍。绝大多数子女对这种说教式的谈话都采取“缄默不语，心不在焉”的对策，而且觉得自信和自尊受到了打击。

第三，也是最重要的一点，切不可对孩子进行体罚。很多家长在进行了苦口婆心的教育之后，若孩子依旧我行我素，没有改掉自己的坏习惯，情急之下就会对孩子进行体罚。体罚也许可能改掉孩子的坏习惯，可是会对孩子造成一生的阴影。

不错，控制孩子的不良行为的确很重要，可是不能为了控制孩子的不良行为，而影响孩子正常的心理发展。

第二章

鼓励孩子与我们合作

怎样营造最好的沟通氛围

温暖的家庭少不了交流的气氛

一项“家庭教育大调查”显示，亲子共处时最常从事的活动是，妈妈和孩子一起看电视，这大约占到调查人数总数的35%；其次就是妈妈辅导孩子的学习，这大约占到25%。剩下的则是其他活动，如游戏等。

而妈妈每天和孩子说话的时间，则缩短在半小时以内，而且说的内容多是“教导性”的。

在这种情况下，家庭教育出现了“想要”和“需要”之间的落差，家长希望的是：孩子功课棒、才艺佳、听话又乖巧。所以家长花时间与精力最多的，还是处理“课业与升学的压力”“孩子学习的状况”等问题。然而孩子最希望与家长分享的是“心情和情绪”，他们的心愿就是家长能多和他们说说话，而不是总问

“你今天的功课完成得怎么样”“今天你学会什么了”。

上班族家长们常常在跟时间赛跑，但也要挤出时间陪陪孩子，和孩子聊聊天，分享他的心事。

即使能陪伴孩子的时间很短，但只要注重质量，仍然能让孩子感受到父母对他的关心，建立良好的亲子关系。

而当孩子得到爱与关怀的时候，他的自信心就会持续增长。

如果缺少家长的陪伴与沟通，孩子就容易“情感饥饿”。“情感饥饿”的孩子特别喜欢撒娇、任性，偶尔还会做出一些古怪的行为，以引起家长对他的注意，又或者极端地自闭内向、郁郁寡欢。

当孩子出现这些情况以后家长才发现自己的失职，后悔不已，但已经来不及了，因为弥补受到伤害后的亲子关系，赶走孩子的“情感饥饿”，要花很长的时间，也许永远也不能实现了。因此，要从小就注重与孩子的交流，这是一个温暖的家庭必不可少的活动。

一个温暖的家庭、一个注重交流的家庭，培养出来的孩子性格肯定比较好，因为在这样的家庭里孩子能感受到父母的爱，能和父母很好地交流沟通。因此，想让孩子快乐成长的父母，从和孩子好好沟通开始吧，给孩子建立一个温馨的家庭，给孩子一个好性格。

和孩子开展平等的对话

美国总统罗斯福有句名言：“在儿子面前，我不是总统只是父亲。”他也将这句名言彻底贯彻在日常的生活中。他很少用命令的口吻跟孩子说话，而是一直以一种平等的姿态与孩子进行平等的交流。

作为家长应该主动理解孩子，相信孩子，做孩子的知心朋友。如果将自己放在了高高在上的位置，那么在和孩子的交流中很容易让孩子产生距离感甚至逆反心理，这都不利于家庭教育。那怎么样做到与孩子进行平等的对话呢？

首先，要意识到孩子是一个独立的个体，不是父母的附属品，这是与孩子进行平等对话的前提。可是，许多父母习惯于把孩子看作自己的一部分，甚至是自己的私有物。在他们的潜意识里，就认为孩子是自己的骨肉，把孩子养育大，就可以把孩子当成自己的私有财产，也当然有权利处置安排他们的人生。

其次，在与孩子的交流过程中，要认真地去考虑孩子的想法，不要总觉得他只是个孩子，什么都不懂。这也是中国式家长最常犯的一个错误。

最后，也是最重要的一点，那就是要放下自己家长的权威，允许孩子自由地表达自己的想法，尤其是在关于孩子的未来发展这种事情上。父母爱孩子，总是替孩子考虑和安排，却很少去考虑孩子的想法和感受，只要父母觉得好的，孩子就必须接受。其实，这对孩子非常不公平，而且也影响亲子关系，很多青春期的孩子和父母的矛盾冲突激化也是源于此。

而这种矛盾其实并不难化解，那就是和孩子展开平等的对话，听听孩子的想法，考虑一下孩子的感受。

爱，只有在平等的时候才会给人最温暖的感动，不平等的爱有时候带给人的压抑要比温暖更多。

父母对孩子的爱也是如此，只有父母平等地对待孩子，和孩子交流，放下家长的架子，孩子才会更多地感受到父母温暖的爱。

用沟通代替对孩子的命令

在父母教育孩子的过程中，很多父母一不小心就忽略了一点，那就是孩子是发展中的个体，具有独立的人格和鲜明的个性心理特征，在向周围世界学习的过程中，他们更喜欢处于主体地位，做学习的主人，而不是一直被父母命令，被动地接受。

了解孩子、尊重孩子、激励孩子、诱导孩子是成功的教育方法，强迫责令，以成人为中心，往往使孩子被动，收不到好效果。

因此命令的方式应慎用，绝对不能滥用。

其实，有一种比命令更好的方式，那就是沟通。

不知道父母有没有发现，自己在命令孩子的时候，说话的态度往往是简单而生硬，而在和孩子沟通时，说话的口气往往也心平气和了不少。温和的态度更容易让孩子接受，而粗暴的态度容易遭到孩子的反抗。所以，温和的沟通比生硬的命令有效得多。其次，孩子在接受命令时，是被动的，而在沟通时孩子是主动的。比起被动的指派，主动的接受就多了一种愉悦的心情，这也是孩子为什么讨厌被父母命令的原因。

通过沟通，最容易让孩子站在他人的立场上思考，也最容易让孩子养成理解他人的习惯。只有这样，他才有可能成为一个全面发展的优秀人才。所以，当下次父母命令孩子，而孩子依旧无动于衷时，不妨换个方式，好好沟通一下。

饶有兴味地倾听孩子的喜怒哀乐

我们都喜欢跟自己的朋友交谈，原因是：在我们悲伤时，朋友会给我们鼓励；在我们生气时，朋友会给我们安抚；在我们愤怒时，朋友会让我们平息；在我们兴奋时，朋友可以和我们一起兴奋。

总之，我们的一切情绪都会得到朋友的积极回应。

其实，孩子对父母也有这样的渴望，他们很希望自己的讲述可以得到父母的积极回应，希望父母可以饶有兴趣地倾听自己的喜怒哀乐。

我们都希望有人分享自己的欢乐与悲伤，孩子更是如此。我们都希望在讲述自己的喜怒哀乐时，能得到他人积极而正面的回应，孩子也是如此。

可是，有多少父母在孩子向他们诉说自己的喜怒哀乐的时候，做到了饶有趣味地倾听呢？很多父母，在孩子滔滔不绝地讲述着令自己高兴的事情时，打断孩子的话，或者只是简单地敷衍几句。

久而久之，孩子肯定不愿意再和父母分享自己的情绪。因为这种打断和敷衍会给孩子一种感觉，那就是：父母是不关心自己的。所以父母在听孩子讲话时，一定要认真积极地回应。

父母的回应一方面可以让孩子感受到父母对自己的关心和爱护，从而愿意与父母分享更多的自己成长中的故事，有助于父母了解自己的孩子。另一方面，这也是对孩子的一种鼓励，鼓励孩子更加从容地把自己内心的想法表述出来，这对于孩子日后的表达能力和交流能力的提高都是有益处的。

有些家长为了维护其尊严和权威，往往对孩子实行命令主义，总要摆架子，对孩子过多地批评、指责，极少鼓励、赞扬。这种家庭教育方式让孩子怎么开口讲心里话呢？有些父母因孩子动作慢，索性代劳，当孩子想表达自己的意见时，父母却抢着说。这种不耐心倾听的结果，会干扰孩子创造性的思考过程，使他变得沉默、依赖。

我们都知道，仔细倾听孩子的诉说并回答孩子的问题对加深亲子关系大有裨益，这可以加强孩子的自信心和安全感。

因此，孩子说话时，无论家长有多忙，一定要眼睛看着孩子，不要随意插嘴，尽量表现出听得很有兴趣的样子。

让孩子信任我们、接纳我们

教育的过程少不了陪伴的环节

据世界卫生组织公布的一项研究数据表明，平均每天能与父母共处两个小时以上的孩子，其智商要比那些没有和父母相处的孩子高。

不仅如此，那些长时间没有父母陪伴的孩子在成长过程中很容易表现出“情感饥饿”，从而刁蛮任性或者多疑胆怯。

因此，不少教育专家都建议父母，不管多忙都要抽空陪陪孩子，以满足孩子的情感要求，促进孩子健康快乐地成长。

孩子是父母最大的支撑，父母在为孩子拼搏，希望孩子能有一个温馨的家庭、灿烂的未来。

但是，很多父母由于太忙了，根本没有时间来亲自照料孩子，也很少能沉住气耐心陪陪孩子，使孩子难以享受家庭的温馨。

还有一种情况：很多家长由于工作确实很忙，实在抽不出时间来和孩子交流，自己内心也是充满愧疚，于是就用物质来弥补孩子，希望以此减少自己对孩子的愧疚感。

但是这样的效果真的好吗？答案显然是否定的。要知道，情感教育的缺失是不可以弥补的。

其实孩子最需要的，并不是这些好的玩具和礼品，而是父母的关怀、陪伴和交流。很多家长在年轻的时候没有时间陪孩子，等到孩子长大之后，他们痛苦地发现，孩子已经不愿意和他们沟通了。而如果单纯地靠物质和孩子进行沟通，那会让孩子把沟通看得很功利。

父母可曾想过，你们努力地在外打拼，为的就是让孩子生活得更好，可是在教育孩子的问题上，总是出现重大的失误，是不是有点得不偿失呢？因此，聪明的父母，总是想尽各种办法，抽出时间多陪陪孩子。

理解是建立默契的开始

在家长和孩子之间，没有什么是无法沟通的，因为，每一个人都是从孩子长成大人的。

很多人在年轻的时候，对待周围的事情都非常敏感，并且想得很细致。但是到了成年之后，这些人就会完全忽略那些细微而丰富的东西，并且忘记了自己曾经年轻过，觉得读不懂孩子，无法理解孩子了。其实，这些大人在小的时候，有孩子一样的心路历程，只是他们忘记了而已。

20世纪70年代，流行黄上衣红星帽，左胸口插一支钢笔更时髦；80年代，流行喇叭裤、BP机，扛着录音机上街更拉风；90年代，流行染发，挑几缕金黄色的最有回头率；再后来，流行火星文、自拍，在博客上说什么都能找到共同语言……时代一直在变化，而人的成长轨迹是一样的，渴望表达、渴望被重视、渴望成功，改变的不过是抒发这些情绪的方式罢了。

要想理解孩子的情绪，需要家长反思一下，想想自己年轻的时候是什么样子，是否也思考过类似的问题，那时候的自己最希望父母怎样做……这样就知道现在身为父母的自己该怎么做了。

家长可以多回顾自己年轻时候的样子，这样就可以明白孩子的过错实在不是什么新鲜事，多多理解孩子，孩子的成长是需要爱和包容的。

而只有真正地理解了孩子，孩子与父母才可能建立一种默契。

努力寻找你们的共同话题

有不少父母发现，在生活当中，孩子越是长大了，和自己的关系越疏离，特别是正处于青春期的孩子。

还有一些父母发现，自己的孩子非常善变，在学校中和在家中判若两人，在学校里活泼开朗，但是在家中却是一言不发。

实际上，孩子在成长的过程中表现出对父母的疏离是一种比较正常的现象。孩子长大了，他们渴望挣脱父母的束缚，按照自己的意志去安排生活，同时也希望父母能够给予理解和支持。反之，就会表现出叛逆。

当然，对于这种疏离，父母也并不是束手无策的。让父母与孩子交流受阻的另一个关键原因就是父母和孩子之间缺乏共同语言。再加上有些爸爸妈妈常年忙于工作，不重视与孩子的交流，好不容易有了和孩子沟通的机会，又往往将侧重点放在孩子的学习成绩上，对孩子真正感兴趣的事情置之不理。

这种价值观的不同，直接导致父母与孩子之间的隔阂。

要想摆脱这种僵化的亲子关系，最好的方式就是试着和孩子做朋友，努力寻找和孩子的共同语言。

父母如果真的关心孩子的成长，想要真诚地和孩子交流，那么就应该允许孩子有自己的想法，并鼓励孩子说出自己真实的感受。同时，作为父母也要有意识地不断提高自己，多关注一些新鲜事物，多关注孩子喜欢的东西，努力让自己的思想跟上时代，不要让孩子觉得自己很老土。

怎样跟上孩子的步伐呢？

比如说，喜欢篮球的孩子很想看NBA球赛，那么父母就不要因为看电视剧和他抢电视。再比如说，孩子和同学玩得很开心，回家晚了，父母要给予尊重和理解，不能上来一顿臭骂。再比如说，孩子很喜欢流行歌曲，父母也不妨试着学唱几首，体会一下孩子的感受。

其实，当孩子意识到自己和父母有共同话题的时候，他们自然也愿意和父母多交流，主动向父母敞开心扉，把父母当作自己的朋友。

关心孩子的感受，积极地帮助他

每个孩子在成长的过程中难免遇到伤心的事情，因此会偶尔表现出闷闷不乐，不想跟别人交流。但是如果一个人长期沉默寡言，不想跟他人交往，就需要家长特别注意了。

孩子之所以会出现这种行为，主要是源于内心的一种恐惧。这种不正常的心理状态与一个人的性格、心态、成长环境等因素密切相关。

假如一个孩子的性格很内向，那么，他很可能是在童年时期的社交场合遭受过打击，或者是在成长过程中经历过什么让他感到不愉快的事情。这些不舒服的经历让孩子在潜意识中厌恶与人交往。

孩子不爱与人讲话，这本身是一个棘手的问题，说大也大，说小也小，有的孩子在他熟悉的环境中会表现得特别活跃，但是换一个地方换一群人，就会表现出非常内向的一面。要追问具体的原因，说不定还要从家长身上来寻找，很可能是因为孩子本身的生活环境太“安静”了，与人交往的机会太少。

作为家长，要站在孩子的角度上了解孩子内心的这种恐惧，关心孩子的这种感受，多多地鼓励孩子。

比如鼓励他主动跟其他小朋友玩，带着孩子参加亲戚朋友的聚会……要知道，童年的孤独是非常痛苦的，让孩子学会主动和别人讲话吧，哪怕声音很小，也要及时给予孩子鼓励，父母的态度会影响孩子下一次勇敢的尝试。

在这个社会上，学会跟人交往是很重要的，因为良好的社交能够磨炼和增强一个人的能力。

只有当一个人的接触面越来越广，他的知识面才会得到更大程度的提升，情商也随之提高。反之，如果孩子害怕与人交往，那么将来的发展就会受到一定的局限。所以说，家长们不能轻视孩子的交流问题，如果孩子变得不爱说话，或者是看到人就躲，就要及时关心孩子的情况和感受，并给予帮助。

培养孩子的合作意识

注意培养孩子的交往能力

在现实生活中有不少青少年性格孤僻，害怕与人交往，躲在自己的小世界中顾影自怜。一项调查结果显示，34.9%的青少年都觉得自己孤独。

不得不提醒家长的是，孤独的孩子试图逃离社会，胆小谨慎，害怕与别人交往，总是试图躲避他人。然而这种孤独的心理并不是天生就有的，大多数是后天的社会性需要没有得到满足而造成的。

一个人的成长不可能脱离社会单独进行，因此父母需要特别注意培养孩子与人交往的能力。

众所周知，美国前总统克林顿成功竞选正是由于他拥有众多高知名度的朋友，而这些朋友在他竞选中扮演了举足轻重的角色，具有不可估量的作用。这些朋友包括他小时候的玩伴、年轻时在乔治城大学与耶鲁法学院的同学，以及当学者时的旧识等。大人物就是依靠他们所拥有的人脉成功的。美国石油大亨洛克菲勒在总结自己的成功经验时曾表示："与太阳下所有的能力相比，我更关注与人交往的能力。"正是洛克菲勒这种卓越的人际沟通能力成就了他辉煌的事业。

与人相处的能力，是一种综合能力，它包括很多因素，比如和小朋友在一起，他要考虑应该怎样和人家说话、怎么样才能够表达清楚自己的意思，不但要求有语言表达能力，还要有计划、有辨别力、有方法。

一个交往能力不好的孩子，其他能力的发展也必然受到影响。对此，教育专家给出了以下建议：

一、尽量为孩子扩大交往的圈子，使孩子除了家庭以外，能够和更多的人交流、交往，如朋友、同学、老师、亲戚等。

二、尽量将孩子视为一个个体，平等地看待孩子，努力培养孩子独立的人格。需要注意的是，这个过程要顺其自然，不可强制规范，不然只会让孩子感受到不快乐，这对于他和别人的交往是极为不利的。

三、从小就培养孩子自律的能力，这样有助于孩子和别人相处。

四、除了和孩子进行语言上的沟通以外，也可以尝试和孩子进行一些其他方式的对话，比如一起做游戏，等等。

没有人天生孤独，也没有人喜欢孤独。孩子都希望自己有很多朋友。但是，由于孩子的心理还不太成熟，还不足以解决和朋友交往中出现的所有问题，这就需要父母进行引导和给予帮助。这不仅仅是孩子成长的需要，更是为孩子的将来种下了一颗有益的种子。

鼓励孩子多与人接触

很多家长在理智上都是支持孩子认识新朋友的，但是当自己的孩子和陌生人交流的时候，保护孩子的强烈意识往往会遮蔽家长的理智。这种做法是非常不恰当的，会在无形当中给孩子灌输强烈的防备意识，对于孩子日后与人接触交往会产生非常不利的影响。父母应该鼓励孩子多与人接触，接受不同的观念。

在现实生活中，我们会看到有些孩子性格畏缩、躲避、爱哭泣、不敢与人接触，这与家庭的影响有很大的关系。这些孩子的爸妈怕自己的孩子吃亏，对其过分保护，使孩子养成了胆小怕事、遇事退缩的性格。要知道，孩子的社会行为和人际关系对他今后成长都有影响，因此父母要鼓励孩子多与人接触，要注意培养孩子开朗、活泼、善于与人相处的良好性格。

孩子在成长过程中需要接触更多的人，这样才能够提高自己的组织能力和团体意识。人类是群居的动物，依靠集体来抵御侵袭、创造语言、传播智慧。在现代社会，是否有组织能力和团体意识，是衡量一个人能力的重要标准。因此，让孩子接触到不同年龄的人，是孩子成长过程中必不可少的。

当然，对一个孩子来说，适合他们成长的小社会中并不特别强调不同职业的成年人出现，因为他们对新事物的接受和感知能力是有限的，而鼓励不同年龄幼儿间的互动，这对幼儿的智力，特别是思维能力的发展是非常有好处的。这样可以训练他们的思维和表达能力，以及因此感受到的“人气”和“威望”，从而极大地鼓舞他们的信心。

这也是蒙台梭利的一个教育主张——混龄教育。

所谓的混龄教育，就是想办法让不同年龄段的孩子们一起玩耍，这样能够体现出群体互动的复杂性和层次性。不同的孩子在不同的群体当中扮演着不同的角色，比如说在这里是弟弟或者妹妹，到了另一个群体就是哥哥或者姐姐，这样的一种变化会使他们不断适应和接受新的角色。这些角色变化可以让孩子体验到年幼幼儿对年长幼儿的尊重、敬畏、钦佩或嫉妒，同时还能体验到了年长幼儿对年幼幼儿的关心、爱护或轻视等，这些复杂的情感体验能给孩子带来巨大的冲击。

多和不同的人一起接触，孩子也将获得丰富的情感体验，由于年龄差异和能力差异，每个孩子都将拥有区别于以往的角色和地位，面对着相对复杂的关系，他们处理问题的能力也会得到相应的锻炼，这对他们的成长是有好处的。

和孩子一起参加活动

西方的教育家认为：“陪伴孩子的过程，和孩子互动的过程，就是教育孩子的过程，家长应该抓住每一次和孩子共同参加活动的机会，教会孩子更多的技能和本领。”

如果有一天，孩子在学校要参加球赛邀请你观看，身为父母的你会抽出时间去参加吗？

一些家长可能会认为，这只是孩子的一次比赛，去不去没有多大的关系。其实这种想法是完全错误的。有不少教育专家都建议父母积极参加孩子的活动，因为参加这类活动，就是对孩子的肯定。如果家长们希望自己的孩子能够养成持之以恒的品质，掌握其他与工作、生活相关的技能，就要在参与孩子活动的过程中，用自己的兴趣和热情加以指导和鼓励，为孩子树立榜样，这样才是最明智的做法。

也有些家长总认为让孩子一个人玩就可以了，自己已经累了一天，哪儿有心情和时间陪孩子玩呢？著名的教育家陈鹤琴曾经说："小孩子在家里，一定要有相当的东西可以玩，有相当的事情可以做，要知道如果不玩不做，那就不会有发展。做父母的总是说小孩子的不好，其实是因为不知道怎样教小孩子。"

爱玩是每个孩子的天性，很多父母能够不过分限制孩子去玩，但是能和孩子一起玩的父母却并不多。许多父母总觉得玩是孩子的事情，和自己没有多大关系。其实，孩子们很需要父母做他们的游戏伙伴，和他们一起玩游戏。而且父母和孩子一同游戏，不仅能够满足孩子情感上的需要，还能促进孩子的心理发展。

有的时候，家长一旦忙起来，就会用"我很忙""我还有很多事情做"这样的话来敷衍孩子，其实，假如家长能够借玩耍的机会和孩子多多相处，这对于亲子感情是大有好处的。更重要的是，玩耍是孩子接受新事物、学习新知识的最好方式。

对孩子而言，玩就是学习，学习就是玩。对孩子来说，玩是最快乐的事情，他们每天都是一边玩耍一边学习。如果把游戏当成孩子学习的一种方式，孩子在玩的过程中就能锻炼肢体、发展动作、促进记忆、开发智力、培养情感、认识世界。

家长应该以专注的精神很投入地和孩子一起玩，当家长真正投入的时候，孩子才会真正感受到开心。应付的态度只会让孩子扫兴，甚至会引起一些不愉快。

真正科学的家庭教育，就是将知识融入孩子的游戏之中，并且把着眼点放在认识事物、传授和巩固知识上，让孩子通过这些游戏逐步加深对事物的认识和了解，并且巩固学习到的知识。

【小技巧】

1.和孩子“亲子共读”，这是很好的互动方式。

2.和孩子“安静蜗居”，比如让孩子完成铺床单、穿鞋等事情，父母在旁边耐心陪伴。

3.和孩子“亲近自然”，带着孩子到户外骑车、爬山或郊游。

4.和孩子“亲近社会”，带孩子串亲戚，教他待人接物。

在社会活动中培养孩子的合作精神

父母教育孩子，应该注重从小就培养孩子的合作精神，让他们懂得1+1>2的道理。在现代社会，如果一个孩子能有团结合作意识，并时刻将这种意识转化为自觉的行动，那他长大以后，往往也能在现实生活中争取到更多成功的机会。

现代社会是知识经济时代，各行各业的竞争日趋激烈，然而这些竞争并不是靠个人单枪作战就可以取胜的。因此团队合作意识在竞争中越来越重要。

然而，在独生子女比例相当大的今天，每一个孩子的好胜心都很强，孩子大都缺乏这种团结合作意识。这种状况与我们所处的需要合作意识的信息时代很不合拍，十分令人担忧。

对此，父母在鼓励孩子与人交往的同时，更要帮助孩子树立很强的团队意识，培养孩子与人合作的精神。两人为“从”，三人为“众”，我们的社会是由人组成的，社会的发展需要人的团结合作。每个人都要借助他人的智慧完成自己人生的超越，于是这个世界充满了竞争与挑战，也充满了合作与快乐。

对当代的父母来说，在孩子很小的时候就培养他们与人协作的团结精神尤为重要。

一个孩子，一般不会在需要合作的情境中自发地表现出合作行为，他们也不知道应该如何合作。这就需要家长教给孩子合作的方法，指导孩子怎样进行合作。

我们可以为孩子量身打造一些活动，让孩子在活动中体验合作的重要性。例如，在活动中有四个小朋友，但是却只有三件玩具，怎么办？大家都在话剧表演中想演同一个角色，怎么办？……当孩子们在玩的过程中遇到问题了，他们就会想办法协商解决。当玩具不够的时候，他们就会主动想办法，相互谦让，或者是轮流使用，或者干脆大家一起玩，或者找其他的小朋友借。家长可以有意识地帮助孩子设计这样的情境，帮助他们逐渐养成合作的习惯。同时，通过合作，大家一起玩，反而会玩得更开心。

为了孩子的未来，为了孩子的幸福，希望所有的父母都认识到团结合作的重要性，并切切实实地将其贯彻到孩子发展的每一步。

第三章

鼓励孩子自立

培养孩子自律

适度自由，他才能学会自控

每个人都对自由有着热切的渴望，没有人喜欢自己的行为被人限制。有时候你对一个人的行为太过限制，就会激起反抗。

孩子也是如此，如果父母很严厉地控制着孩子的行动自由，孩子也会想方设法地从父母的控制下逃离。

调查显示，那些不知道自控的孩子，一般都是从小被管得太严的孩子，由于从小没有自己的空间，因此一旦有机会自由他们就不知道控制了。

我们都说孩子不懂得控制自己，其实可能是因为他们很少能够放纵一下，大多数时间都在别人的控制之内。所以一旦自由了，就会想尽情做自己平时想做又不敢做的事。如果你一直让他自己选择，他就不会觉得偶尔一次的自由多么宝贵，就能理性地对待自己的行为，慢慢学会自我控制。

很多著名的教育家也提倡孩子要在宽松的环境中成长，孙瑞雪女士的《爱与自由》这本书，就很深入地探讨了孩子的天性发展与成长环境之间的关系。当你放开手让孩子成长的时候，他是不会像你想的那样漫无目的、毫无纪律的，在他的内心中有一套自我发展的规律，他会听凭这个规律去学习、说话、排队等。如果我们压制它，或者想要人为地调整这个规律，就会破坏孩子的成长。

每个父母都希望自己的孩子健康快乐地成长，那不妨给孩子留些自由选择的空间吧。

在孩子的成长过程中，很多事情可以让他们自己做决定，比如他们可以自己选喜欢的衣服，自己决定零花钱的用处，自己决定吃饭的多少，自己决定做作业还是玩，父母要相信，孩子是会对自己负责的。

其实，每个孩子成长到一定年龄段后，都希望可以自己做主。一般来说，当孩子有了这个意识之后，孩子的责任感也开始发展，孩子会替自己负责的。

所以，把自由留给孩子，父母能轻松一些，孩子也能学会自控，这对大家都是有好处的。父母应该慎重地考虑一下这种教育方式。

点到为止，给孩子留足面子

不要以为只有大人才会在乎自己的面子，孩子也是一样。然而现实生活中有不少父母批评孩子的时候，总是忽略孩子的感受，不给孩子留一点儿面子，结果让孩子对父母极度反感。

家长忽视了一点，如果总是对孩子没完没了地批评，尤其是当着众人的面批评、指责，虽然是让孩子记住了教训，但同时也伤了孩子的自尊，因此会很容易激起孩子的反抗心理。

在家庭教育中，一些父母在批评孩子的时候喜欢说个没完没了，而且还时不时质问孩子“我的话你听见了没有”，孩子恐惧于家长的权威，不得不应承，可实际上，孩子根本没有把家长的话放心上。

还有一些父母在孩子表现不好或者犯错误的时候喜欢翻旧账，把许多年前的事情都拿出来数落孩子一番，而且越说越带劲，一点儿都不顾及孩子的感受。这两种批评教育方式都是错误的，也收不到任何教育效果。

因为父母在批评孩子的时候说得太多、太啰唆，会令孩子分不清主次，不知道听哪一句好，而且长此以往，还会导致孩子在家长的教育面前“失聪”，对任何话都无动于衷，从而使批评教育失去作用。

英国一项研究表明，教育也是需要讲究方法和策略的，那些总是温和地跟孩子交流，在批评孩子的时候点到为止、不唠叨的父母更能教育好孩子。孩子也是很重视面子的，在批评孩子的时候，父母不妨多讲讲方法，学会点到为止，留下思考空间和回旋余地，这样或许孩子才更容易接受。

对感受要宽容，对行为要严格

孩子们是无法禁止自己的感受的，比如面对未知的事情的时候，充满恐惧；面对糟糕的事情的时候，满心的绝望。作为父母，这时候怎么办呢？

面对自己从未经历过的事情，每个人都会有一丝害怕，这种感受是很正常的。

我们都喜欢和那些能够站在我们的角度、体谅我们感受的人做朋友。孩子何尝不是呢？

可是，对孩子的行为却不能纵容，需要严格要求的时候，必须严格。孩子的自制力等能力还在培养中，只有父母严格要求才有助于孩子养成良好的习惯。

在我们严格要求孩子的行为的同时，一定要注意我们的方法。父母对孩子的行为严格要求，但不一定要采取严厉说辞。相反，要尽可能地采取温和的说辞，给孩子留一些主动性，以防激起孩子的逆反心理。

要知道试图强迫孩子改变无法让人接受的行为，结果一定是令人失望的。

因此，在这里，我们给父母一些建议：针对孩子的不当行为，首先要理解孩子做出这种行为的心理原因，也就是首先搞清楚孩子是怎么想的。不过，不管孩子的想法是正确的还是错误的、是可以原谅的还是不可以原谅的，都不要去指责孩子，而要尽力去理解孩子的心理。

其次，针对孩子的心理，好好引导，在此基础上严格要求孩子的行为。

总之，父母在看待孩子的感受和行为时要区别对待，孩子还只是孩子，如果在教育孩子的过程中没有让孩子从心理上接受，那可以说是白费力气了。

怎样让说脏话的孩子住嘴

说脏话会被看成没有教养的表现，几乎所有的父母都不愿意让自己的孩子和说脏话的人交朋友。而且说脏话的孩子会被主流社会否定，会被贴上“坏孩子”的标签。

也许孩子并不明白自己的脏话到底是什么意思，但他已经被贴上了“坏孩子”的标签。孩子生活在社会的大环境中，难免会受到不良语言的影响。有时候孩子和小伙伴发生了争执，也会使孩子被迫骂人，以牙还牙，这样最容易让孩子养成不良的习惯。

要想从根本上杜绝孩子说脏话，父母一定要注意以下几点：

第一，父母自己千万不能说脏话，要给孩子树立一个好榜样。很多父母在家时都不注意这一点，动不动就说脏话，孩子耳濡目染，自然也会受到影响，开始说一些脏话。最为可怕的是，孩子有时候还没有意识到这是脏话。所以父母一定要做好榜样。如果父母千叮咛万嘱咐告诫孩子不要说脏话，可是自己却脏话连篇，这让孩子怎么信服呢？

第二，当孩子说了脏话的时候，一定要制止，并告诉他这是非常不好的行为。孩子有时候是不会意识到自己说脏话的，他可能只是从别人那里听来的，觉得好玩，就随口说了出来。这个时候，父母一定要温和地告诉孩子，这种行为是非常不文明的。但是切记不能因为孩子说了脏话对孩子进行体罚，这可能会导致孩子从心理上反抗，从而不听从父母的话。

第三，要对孩子的情绪进行合理的引导。有些孩子可能是跟同学朋友吵架，或者被老师父母说了几句，心里愤愤不平，脏话就随口而出了。这时候，父母就需要注意了，对孩子的这种负面情绪要理解，并加以合理的引导，为他们创造条件发泄负面的情绪。比如可以创设悄悄话角，让孩子用语言发泄情感。当孩子感到愤怒的时候，可以让他们来到这个角落，独自大喊大叫，并舞动自己的手臂。还可以让孩子通过运动的方式来宣泄感情。

孩子控制不住脾气怎么办

心理学家认为，孩子爱发脾气是由于家庭教育不当引起的。特别是独生子女，如果从小家人就事事以他为中心，孩子要什么就给什么，久而久之，孩子就会养成遇事爱发脾气的习惯。比如，他想要一个玩具，而妈妈不想买给他，他就会大哭大闹，此时，妈妈既想管教，又怕孩子受到委屈，结果可能就会对孩子“俯首称臣”。这样反而会让孩子形成一种错觉：只要我大哭大闹，他们就会让步，我的愿望就能实现。如此下去，就会形成恶性循环，孩子逐渐就养成了乱发脾气的坏习惯。

此外，有的孩子乱发脾气，可能是从父母那里学来的。父母是孩子最早的启蒙老师，父母日常所表现出来的好品质，孩子会受到潜移默化的影响，但是，一些父母却没有给孩子做好示范，有的父母遇到不顺心的事情，常常会大发雷霆，甚至还会将怒气撒到孩子身上。这种行为模式往往会被还缺乏辨别能力的孩子效仿，于是孩子就会翻版父母的处事方式，遇到问题或困难时，也会大发雷霆。

所有父母都不希望自己的孩子是一个随意发脾气的孩子，可事实上发脾气是孩子成长过程中的必经之路，如果引导得不好，孩子就会养成乱发脾气的习惯，变成一个暴躁的孩子。

孩子发脾气就向他屈服是最不可取的教育态度和教子方法。当孩子乱发脾气时，父母要保持冷静，对孩子的不合理要求绝不迁就，始终要让孩子明白，无论他怎么发脾气，父母都不会“俯首称臣”，他始终都达不到自己的目的。当孩子已经“雷霆万钧”时，不妨运用冷淡计，父母及其亲人都不去理会他。事后，再当着孩子的面，分析一下他发脾气的原因，细心地引导、教育孩子，相信孩子会从一次错误的行为中吸取教训。

专家认为，父母在阻止孩子坏脾气发作的时候，既不能采取过于强硬的态度，也不能采取过于软弱的态度。最好能够迅速而果断地将孩子的注意力转移到其他方面，以缓和紧张的局势。也就是说，当孩子正处于发脾气的时刻，父母不要一心只想到训斥孩子，因为孩子这时是听不进去的；也不要强迫孩子或者用武力威胁孩子马上停止发脾气。最简便的方法就是运用冷处理法把他撇下不管，让他一个人去发泄，去自我克服、自我平息。这样坚持一段时间后，孩子就会渐渐改正乱发脾气的习惯，因为他知道这样做是什么也得不到的。

【小技巧】

1.孩子发脾气，绝不能向孩子“俯首称臣”。

2.孩子发脾气时，可以适时地向他采取“横眉冷对”措施。

3.家长自身要以身作则，能让孩子学到正确的东西。

让孩子从自主中得到成长

给孩子定的规矩越少越好

每个父母都想不费吹灰之力就可以把孩子教好，因此他们发明了一套简单省事的办法，那就是给孩子定很多规矩。这些规矩中有要求孩子要主动去做的一些事情，也有一些是禁止孩子去触碰的事情。他们相信这一切都是为了孩子好。

然而，这样做真的就是为了孩子好吗？

首先，有时候这样做的结果还是会在父母的预料之外，尤其是那些禁止孩子做一些事情的家长。

比如不让读不健康的书，不让早恋，不许玩游戏，不许网络聊天等。但是一味地严厉禁止，却不讲明利害，就容易产生“禁果效应”，反而增加孩子的好奇心，使他们在好奇心的驱使下甘冒风险去尝试那些也许并不甜的“禁果”，反而使教育走向了反面。

不仅如此，一般而言在父母管教过严、定规矩太多的家庭环境下长大的孩子，往往性格懦弱、没有主见、遇事慌张。家长过度限制孩子的自由，处处指责，也会影响他们自身各方面能力的提高，限制孩子的发展。

事实证明，得到自由的学生能够很好地管理自己，更具独立品格，更遵守秩序，也更加健康。

有位教育家说，当孩子显露出某方面的天赋时，我们的教育不但不加以引导和启发，反而用纪律的条条框框去归整它，使它符合我们大人的习惯，这是多么悲哀的事情啊。其实我们在用条条框框去束缚孩子行为的同时，也束缚住了孩子的思维，让他们的习惯固定化，使孩子变成一个只会听话而不懂思考的机器。

因此，这位教育家一而再再而三地提醒父母：给孩子定规矩越少越好，这样才会让孩子的天性得到长远而富足的发展，让孩子健康快乐地成长。

我们这里说给孩子定规矩越少越好，并不是说反对父母纠正孩子的坏毛病。纠正孩子的坏毛病需要父母的合理引导，但是在此过程中，还是避免采取生硬地给孩子定规矩的方法。

提到规矩，我们总是容易想起它的同义词——纪律，然而纪律不应该只是一味地限制，这也不许做，那也不许做，让孩子没有主动的权利。

有时候纪律还有另一个侧面，那就是给予孩子适当的鼓励，鼓励孩子打破常规，让孩子自己去发现。可是，不得不提醒父母的是，只有给孩子少一些规矩的束缚，孩子才会有机会和能力去打破这种束缚。

要相信自己的孩子有主见

随着孩子的成长，他们的独立精神也在慢慢成长，等长到一定年纪的时候，就希望可以自行决定一些事情，小到自己穿的衣服，大到自己上的大学以及自己要学的专业。父母这时候能做的就是支持孩子的想法，这是孩子成长过程中走向独立的重要一步。

要相信孩子对于自己的生活和未来有自己的想法，不要随便剥夺孩子为自己做决定的权利。孩子的选择可能不是最佳的，但最佳的意义并不能胜过一次独立做主的经验，及由此得到的自豪感。

调查显示，青春期的孩子和父母冲突的一个重要原因，就是孩子总觉得父母剥夺了自己做主的权利。

没有人喜欢让别人决定自己的命运，孩子也一样。有时候，尊重孩子，让孩子自己做决定可能比替孩子做决定更能赢得孩子的爱戴。

【小技巧】

1.“收放适度”的教养策略。

2.让孩子感受到我们的善意。

3.让孩子对我们信服。

4.相信孩子能做好自己。

不要过多地干涉孩子的自由

父母如果想把孩子培养成为生活中的强者，就应该多给他们一些自由的空间，不应该随便插手孩子可以自己独立解决的问题。

孩子和周围人的关系如何，需要孩子自己去处理。如果家长介入其中，就会剥夺孩子处理问题的权利，让孩子失去一次成长的机会。

当然，这不是说孩子在遇到事情的时候，父母不管不顾，孩子需要父母的指点，需要父母的帮助，但是父母不能过多地干涉。父母要做的就是稍稍地引导一下孩子，把最重要的一步留给孩子来决定。

不要干涉孩子的自由，不仅仅是不干涉孩子自由发展的权利，也不要干涉孩子自由选择的权利。

不干涉孩子的自由选择，会慢慢让孩子学会独立面对社会现实，并不得不学会承担自己应该承担的责任。

这个社会是很现实的，家长应当允许孩子有机会接触生活的各个方面并且学会如何来应付它们，而不是将他们与现实隔离开来。所以，当孩子在成长过程中出现状况时，家长要引导他们，而不是干涉他们。

每个父母都希望自己的孩子成为生活中的强者，希望自己的孩子勇敢面对人生的风雨，可如果父母不放手给孩子经历风雨的机会，不给孩子独立面对社会的自由，那孩子如何成长呢？所以说，爱孩子就不要过多干涉孩子的自由，让孩子自由地飞翔，才是真正爱孩子。

最后的决定授权孩子完成

在父母眼中没有长大的儿女，许多父母觉得自己的孩子还小，不管什么事情都会帮他做好决定，并认为这就是一种爱。其实不然，爱默生曾说：“你要教你的孩子走路，但是，应由孩子自己去学走路。”把孩子看成是一个自立的人，使其能自行决定自己的行动，并且实施自己的决定，也是对孩子的一种爱。

孩子虽然还小，但总有一天要走向社会。现在不培养他自我判断、自主决定的能力，什么事情都由家长解决，一旦孩子离开父母，没有人为他做这一切，而他自己又没有这种能力，那时该去依靠谁呢？

在家庭教育中，孩子的事情让他自己决定，父母只提出参考意见。当孩子自主取舍或选择事物，会激发肩负责任的自主性、积极性、独立性和自律性。

几乎没有父母是有意识地损伤孩子的自信心，或损伤他独立解决问题的能力的，但不幸的是这种无意识的伤害却比比皆是。

由于这个原因，我们要有意识地避免过分保护，给孩子机会让他独立决定自己的事情。当然，在培养孩子自己做主的能力时，也应注意：

第一，不要给孩子太多的选择，如“你想穿什么颜色的毛衣”，孩子可能会提出家中没有的东西，若父母不能顺从时，反而会使孩子对父母失去信任。而应该问：“你想穿这件绿毛衣，还是那件红毛衣？”

第二，不能让孩子选择有害、不安全的事，因为孩子不知什么有危险。例如，冬天一定要穿棉衣，这没有选择余地，必须执行，但可给些其他的选择：“这棉衣由爸爸给你穿，还是妈妈帮你穿？”而不能说“要不要穿棉衣”。

第三，孩子做决定时，不要给其太大压力。如果孩子的决定不太合理、恰当，大人可给些提醒。如果孩子做决定后遇到挫折，产生了失败感，父母也要给予帮助。孩子做决定的机会不可太多，以免给他太大压力。

第四，根据孩子的愿望，运用大人的经验和知识，帮助孩子做一些决定。这是大人与小孩共同做出的决定，是帮助孩子做决定的好方式。

如“要下雨了，在图书馆里避雨比操场上好些”。在判断正确与错误的选择时还可说“我们已答应某某去展览馆，不遵守诺言是错误的”之类，让孩子知道做决定就是要其负责任。

要让孩子知道，只要尽力而为做出比较合适的决定就可以了，不一定要十全十美。但也不能随意做决定，要让他知道做决定的后果，从而不断学习，不断提高判断能力。

如果孩子坚持穿裙子去操场玩，结果不小心擦伤了皮肤，家长不应该说“瞧，我叫你穿裤子你不听”，而应说，“你想一想，如果我们下次再来操场玩，该怎么保护好自己呢”。

随着孩子长大，经验增多，做决定的能力与技巧会渐渐提高。这时，父母要舍得对孩子放手，让孩子学着自己去生活，让他在实实在在的生活中找到自我。

【小技巧】

1.给孩子的选择要限制在一定的范围内。

2.杜绝孩子选择有害的、不安全的事。

3.孩子做出的选择，家长要尽量支持。

4.孩子迷茫时，可以协助他们做决定。

给孩子一定的发言权

让孩子有意识地为自己负责

调查显示，许多企业在选择职工的时候，“责任”是他们考虑的首要原则，没有老板喜欢不负责任的员工。

父母也希望自己的孩子是一个负责的好孩子。可是，很多父母的所谓的负责，是让孩子在成长的过程中学会对他人负责，而忽略了对自己负责。

其实，要让孩子学会对自己负责，也不是一件很难的事情，专家给家长提出以下的建议：

首先，要逐渐培养孩子独立自主的意识。其实，随着年龄的增长，孩子的独立自主意识会慢慢地显示出来。父母需要做的，就是尊重孩子的成长规律，不要给孩子太多保护，让孩子对父母太过依赖。

其次，当孩子犯了错误时，父母不要替孩子包揽过失，要让他自己去承担。每个孩子都会犯错，而犯错也是一个成长的契机，聪明的家长会利用这个机会，让孩子有意识地为自己负责。如果总是认为孩子还小，而大包大揽，孩子不但错失了成长的机会，可能还学会了推卸责任。

最后，培养孩子严格要求自己的意识。一个人能严格要求自己，是对自己负责的体现。在外界的压力下，很多人都可以表现优异，但需要自律的时候，可能就需要标准和约束。

让孩子有发言的机会

有些父母，在餐厅点菜、买衣服、买鞋帽时，都会有意识地让孩子有发言和选择的机会。不过更多的父母更习惯这样说："这个味道不错，吃这个吧！""这个更可爱。""这件很适合你，买这件吧！"将自己的意见强加给孩子，久而久之，孩子就会逐渐失去主见。

有不少父母担心孩子会做出一些不正确的事情，因此剥夺了孩子发言做主的权利，把自己的想法强加给孩子。虽说父母的出发点是为了孩子好，但他们的这种做法往往得不到孩子的认同和理解。倔强的孩子会在这个问题上和父母争辩，性格相对内向的孩子虽然表面上一言不发，却在心底里对父母产生了抵触情绪。

还有一些父母往往会不自觉地把自己年轻时没能实现的理想寄托在孩子的身上，希望孩子能够帮助自己实现。如果这一愿望与孩子自己的愿望相同，这种寄托就会成为督促孩子奋斗的动力，但如果这种寄托并不符合孩子的愿望（这种情况更容易出现），父母的这种寄托就会成为孩子成长的负累。如果家长无视孩子的愿望，将寄托强加在孩子身上，那就有可能毁掉孩子的一生。

不要让孩子一味地跟从父母的决定，而应该让孩子用自己的意志取舍或选择事物，令其有自我决定的机会，并在决定事物的过程中，培养出自主性、积极性、自律性。

没有一个人可以一下子长大，成长是一个缓慢的过程，父母在这个过程中应该尽量让孩子对自己的事情有发言的机会。不管他们说得对或错，都会培养孩子的能力，这对于他们日后走上社会是一笔财富。

鼓励孩子发出自己的声音

很多父母也希望自己的孩子长大后成为一个有独立的能力和独立的思想的人，教育专家给出的建议就是：从小就鼓励孩子发出自己的声音。

其实，鼓励孩子发出自己的声音，不仅仅是培养孩子独立性格的要求，对于培养孩子的思辨能力也有着重要的作用。

鼓励孩子发出自己的声音，就是鼓励孩子勇于说出自己的想法，尤其是在一件事情上和父母持不同意见时，父母甚至可以允许孩子和自己争辩。

一位心理学家经过多年的研究得出结论：争辩是孩子走向成熟之路的重要一步。

能够同父母进行真正争辩的孩子，在以后会比较自信，更富有创意和领袖气质。孩子争辩的时候，表明他在组织语言表达自己的观点，并要分析对方的观点，找到破绽加以辩驳。

这至少有两点好处：一是促进大脑发育，二是增加家庭互动氛围，更利于孩子各方面的成长。

很多父母都担心允许孩子和自己争辩，会慢慢助长孩子不尊重父母的习惯。其实，孩子争辩并不是不尊重父母的表现，既然真理只会越辩越明，父母又何须担心自己的威严会在争辩中消失呢？

但是提倡争辩，并不是说让孩子胡搅蛮缠、随心所欲、口不择言。争辩是在讲明自己的道理，一旦孩子违背了这个原则，父母就应该制止。另外，争辩也不是凡事都要争论，那只会让生活陷入混乱。让孩子争论，是让他发表有价值的观点，生活中应有的基本原则是不提倡争辩的。

同时，作为父母，在和孩子争辩的过程中，应该放下自己的家长权威，把孩子当作一个独立的个体。

如果父母一直放不下做父母的架子，不允许孩子挑战自己作为家长的权威，即使允许孩子争辩，孩子还是会心存畏惧，不敢放心大胆地和父母辩论。

每个父母都希望自己的孩子能成为一个独立有主见的人，可是，这种独立和有主见的精神并不是一蹴而就的，而是一个人在成长的过程中慢慢累积培养起来的。

因此，父母从小就要鼓励孩子发出自己的声音，这样孩子长大后才有可能成为一个有主见的人。

多了解争辩的积极面

当孩子第一次和你争辩的时候，你一定会感到很意外吧，觉得眼前的这个小孩子不再对父母言听计从了，而是开始有了自己的思想和意志，开始学会反驳了。其实这并没什么，孩子学会争辩不是什么坏事情，父母应该学会用宽容的态度去对待。

请分别列举一下孩子学会争辩的好处和不好的地方：

积极面：______________________________

____

____

消极面：______________________________

可能大多数的家长想不到孩子学会争辩的积极面，下面就列举一下：

1.孩子可能在通过争辩了解自己的底线。

当我们想让孩子晚饭后再去做一件事情时，孩子可能会举出一大堆的理由。其实，孩子这种看似挑衅的方法很有可能是在探索他处事的界限到底在哪里。和父母拌嘴能够让孩子了解自己，有机会学会评估自己。

2.孩子可以在争辩中形成自己的意志。

争辩可以让孩子变得自信和独立。在争辩中，孩子会感到自己受到重视，知道如何才能够表达并实现自己的意志。孩子在与父母发生争辩之后，会意识到父母并非总是正确的。辩论的胜利，无疑会使孩子获得成就感，既是让孩子估量自己能力的机会，同时也锻炼了他们的意志力。

3.孩子可以在争论中提高反应能力。

孩子在成长过程中，会通过争论学到争论的艺术。他们长大之后，与各种人都有发生争论的可能，这种学习方法对孩子来说也是重要的。

所以，不能简单认为孩子与父母争辩不是好事情，孩子与父母争辩，证明孩子是有想法的，而且对孩子多方的发展都有好处。

4.孩子在争论过程中获得智力的发展。

在争论时，孩子必须根据自己对环境的观察分析，选择并运用学到的词汇和表达方式，试图有条理地表达自己的欲望、观点，挑战父母，这将大大刺激孩子语言能力的发展。而且，通过争辩，孩子可以学到争论、辩论的逻辑技巧，这对孩子日后思维的发展是有利的。

教孩子聪明勇敢地说“不”

家长在教育孩子的过程中，也应该让孩子明白这样的道理：一个主动掌握着自己命运的人，一个不被别人左右的人，一个敢于挑战自我、突破自我的人，一定是一个懂得如何说“不”的人。只有学会说“不”，才能把握住每一个机会去展现自己，去尝试改变。

家长应该从孩子还小的时候，就给孩子灌输以下观念：

一、说“不”是你的权利，你不要因此而自责。很多孩子经常会因为拒绝了同学或者朋友的请求而惴惴不安，害怕同学和朋友因此疏远自己。这时候，就需要家长告诉孩子，说“不”是一个人的权利，尤其是对一些过分无理的请求，如果这个人是真心把你当朋友，他也一定不会因为你行使了自己的权利就疏远你。

二、每个人都有一个自我的存在，不要因为害怕拒绝而丢失了自我。家长应该告诉孩子，当对一些人或者一些事情说“不”的时候，不仅仅是一种拒绝，更是一种选择，选择不去做怎样的人，或者不去做怎样的事情。每个人的一生都会受到无数的诱惑，只有那些勇敢地对这些诱惑说“不”的人，才能成就自己的人生和事业。而且勇敢说“不”并不一定会给孩子带来麻烦，反而是替孩子减轻压力。如果一个人想活得自在一点儿、有原则一点儿，就得勇敢地说“不”。

三、对于自己力所不能及的事情，勇敢地说“不”，是对自己负责也是对他人负责。生活中经常出现这样的例子，明明自己不一定能做好，但是不好意思拒绝或者为了保住自己的面子而答应了别人，结果最后不但没有帮到别人，还有可能伤害了自己或者别人。可以说，这是对自己和他人都不负责的表现。

此外，需要家长注意的是，让孩子勇敢地说“不”，不仅仅是让孩子学会拒绝别人的索求，也是学会拒绝别人的给予。家长要让孩子知道，人生的道路很漫长，坎坷之途谁都有。人，最终还是要靠自己站起来，越过这个坎，磨难将是孩子的一笔财富。

总之，学会拒绝是一种自卫、自尊，学会拒绝是一种沉稳的表现，学会拒绝是一种意志和信心的体现，学会拒绝是一种豁达、一种明智。学会拒绝，孩子才能活得真真实实、明明白白，才能活出一个真正完美的自己。

第四章

表扬，不要贬损；批评，不要伤害

赞赏令孩子更加出色

罗森塔尔效应：夸奖带来效益

美国著名的心理学家罗森塔尔教授曾经做过这样一个实验。

他将一群小白鼠很随意地分为A组和B组，他告诉A组的饲养员说，这一组的老鼠非常聪明，同时又告诉B组的饲养员说这一组的老鼠智力中等偏下。几个月后，罗森塔尔教授对这两组老鼠进行穿越迷宫测试，发现A组的老鼠居然真的比B组的老鼠要聪明很多，它们能够先走出迷宫并找到食物。

通过这个实验，罗森塔尔教授得到了启发：这种效应会不会发生在人的身上呢？于是他来到一所普通中学，在一个班里随便走了一趟，然后就在学生名单上圈了几个名字，告诉他们的老师说，这几个学生智力很高，很聪明。

过了一段时间，教授又来到这所学校，惊奇地发现那几个被他很随意选中的学生现在真的成了班上的佼佼者。

为什么会出现这样的现象呢？

这是因为，罗森塔尔教授是著名的心理学家，在人们心中有很高的权威，老师们对他的话都深信不疑，因此就对他指出的那几个学生充满了信心，经常称赞他们。

而学生也感受到了这种期望，认为自己是聪明的，从而提高了自信心，就真的成了优秀的学生。

称赞会给孩子以极大的鼓舞，而父母的表扬与其他人相比产生的作用会更大。心理学家经过实验发现，孩子总是在无意中按父母的评价强调自己的行为，以期得到父母的表扬和认可。

因此在日常的教育中，家长应该对孩子多一些表扬，少一些批评。对孩子的一些想法和行为，不能按照成人的标准来判定，应该发自内心地赞美孩子，如“你真棒，我小的时候没有你这样有创意”。这样，孩子进步就会越来越快，也会把父母当作自己生活中的良师益友。如果父母只是一味地指责，甚至是狠狠地训斥，那孩子的无限潜能就会被父母的训斥声所淹没。

鼓励是自信的酵母，夸奖是自信的前提。要让孩子变得更加优秀，最有效的方法就是及时地夸奖和鼓励。夸奖能使孩子坚定自己的信心，从而更加努力地为成功找方法。

可能有家长会有这样的疑问：如果一味地夸奖孩子，让孩子很骄傲怎么办？如果今后听不了批评的话怎么办？孩子将来不听话很难教怎么办？

这种顾虑很正常，而且这种现象也的确会有。夸奖孩子其实是有要领可循的，有些方面一定要夸，而有的方面一定不能夸。

我们夸奖孩子，为的是让他能更加健康地成长，所以夸奖应该是侧重于孩子的好习惯、好态度、好品格。

比如一个孩子天天坚持写日记，得到夸奖之后，会坚持得更好；一个孩子很懂得让着自己的小弟弟，得到夸奖之后就会变得更加懂事。而对于孩子的天分、长相这些内容，就不需要一次次地夸奖。

夸奖具有启发性和鼓励作用，但夸奖过多，会带给孩子压力，形成焦虑。所以夸奖要适可而止，应用欣赏、交谈、聆听等方式代替过多的夸奖。总之，我们不能让孩子在受责备的环境中成长，但是也不能让他们整天泡在赞美里，要学会适度夸奖。

【小技巧】

1.夸奖的话不能言过其实。

2.有效的夸奖是夸奖过程而不是结果。

3.夸奖要发自真心。

4.夸奖要留有余地，给孩子进步的空间。

把赏识当成孩子成长中的需要

孩子就像一棵小树苗，他们渴望被赏识，渴望被肯定，就像树苗渴望春雨一般。赏识和肯定会让孩子更加自信和快乐。因此，父母应该把赏识当成孩子成长过程中的一种必需品。

也许有的父母担心，一味地肯定孩子，会不会让孩子变得禁不起挫折和批评？还有的家长担心给孩子的肯定太多，会让孩子变得特别在意别人怎么看自己。其实这些想法的产生，是因为没有把赏识和表扬区别开来。赏识和表扬还是有区别的。表扬是把注意力放在孩子身上，而赏识则更加注重孩子所做的事情。

有的父母觉得赏识就是说好听的，或者简单戴高帽子，其实是一种错误的理解。孩子的成长离不开家长的赏识，如果家长总对孩子的肯定总是不说出来，会令孩子感到失望和不满。相反，如果家长总是能肯定孩子，用一种赏识的眼光看待孩子，对于开发孩子的潜能有着相当大的益处。

家长在和孩子交流的时候，若能表现出对孩子的欣赏，孩子才能拥有成就感，而有成就感的人就容易对自己产生信心，有信心的人就能爆发出更多的潜能。肯定孩子、赏识孩子，实际上就是为孩子的成长搭建平台。

有一位著名的国际妇女活动专家说："现代人类最本质的动力不是追求物质与器官的享受，不是满足生理上的需求，而是满足成长的需求和发挥个人最大的潜力。"

总之，懂得赏识和赞美的家长，才能给予孩子及时的鼓励和赞美，获得赞美的孩子才会一点点做得更好，才能一步步在赏识中走向美好的未来。

相信孩子：你一定能行

有不少父母在教育孩子的过程中都有过这样一种矛盾的心态：当孩子想要独自一个人去上学时，心里很高兴，但是又很害怕。高兴的是孩子终于有了独立的一面，害怕的是孩子遇到危险怎么办。

然而，不得不提醒的是，父母的这种犹豫不决可能会直接导致孩子对自己能力的怀疑。一个教育家就曾提醒过父母：在教育孩子的过程中，父母一定要表现出对孩子能力的相信，不然，当父母犹豫不决时，孩子就已经失去了信心。一般来说，父母对孩子的信心会使孩子更加有动力、更加自信。

这就是相信孩子产生的力量。其实，孩子的“行”与“不行”，很大程度上取决于小时候父母怎么看待他们——是相信孩子一定行，还是打击孩子让他们泄气？每个孩子都有很多潜能，而这些潜能的发挥与父母对他们的赏识是分不开的，如果父母能对孩子投以欣赏的眼光，孩子的兴趣就有可能转化为特长，甚至创造奇迹。

父母认为孩子“行”还是“不行”，对孩子的一生有着很大的影响，如果父母相信孩子“行”，并用一种赞赏的目光来看待孩子，孩子也会对自己更加有信心。可是，如果父母对孩子表现出“不行”的表情，孩子就会开始怀疑自己，认为自己真的不行。

此外，需要注意的是，很多父母认为孩子“不行”，更多的是出于一种对孩子过度的担心和保护，不得不说，这对孩子能力的发展有着很大的伤害。万一孩子一个人上学走丢了怎么办？万一孩子被高年级的同学欺负怎么办？在这种一系列的担心之下，父母理所当然地认为孩子不行，于是就替孩子包办了很多事情。可是，父母有没有想过，有些事情孩子总是需要一个人去面对的，如果父母这么一直都不相信孩子，那孩子什么时候才可以真正地长大呢？

每个人都渴望自己能得到他人的肯定，对孩子来说，尤其如此。因此，这就需要父母时时提醒自己："相信孩子的潜力是无限的，不需要父母事事代劳，相信孩子是坚强的，不需要父母事事保护，我们需要做的，就是相信孩子一定行，给他鼓励，给他赏识，让他更加勇敢地前行！"

【小技巧】

1.鼓励比插手更让孩子开心。

2.不要说"你还小，我帮你"。

3.即便做得不够完美，至少要肯定其做事的积极性。

多使用肯定句

很多细心的家长在教育孩子的过程中都会发现一个奇怪的现象，不管是面对孩子的提问还是给孩子讲道理，孩子总是喜欢家长用一些肯定的语句，而那些否定的语句大多会招致孩子的反感。

孩子需要父母的肯定，尤其是父母在回答孩子的问题时，多使用肯定句对孩子来说就是一种鼓励，这种鼓励会增加孩子的自信，让孩子更加勇敢地前行。其实，不仅仅是孩子，即使是成人，在获得别人的肯定后都会多一分自信、多一分动力，而这种自信与动力往往可以带给人们期待的结果。

多使用肯定句，不仅仅可以在孩子对自身有疑惑时增加孩子的自信，在给孩子讲道理时，孩子也比较容易接受。很多父母对孩子总是不自觉地使用一些否定句，如"不能去做什么"，即使是建议也很像命令。

一位西方的教育家曾经说过："你想把一个孩子送进哈佛的唯一诀窍就是，时时刻刻准备好去肯定你的孩子。"是的，一个在肯定中成长起来的孩子一定是一个自信快乐的孩子，而这样的孩子在面对困难的时候比自卑沮丧的孩子更加勇敢坚强。因此，在这里给父母一个小小的建议：多使用肯定句，肯定孩子，让孩子更加勇敢地去面对自己的未来。

【小技巧】

1.对孩子多使用肯定句。

2.不能要求孩子绝对听话、唯命是从。

3.杜绝赞扬孩子的"狡辩"。

4.提高孩子对正确道理的执行力。

提高激励效果的技巧

善于挖掘孩子身上的闪光点

教育家在调查实验的过程中发现了这样一个现象：大人们总是对孩子的缺点非常敏感，对孩子的教育也往往以"纠错"为主。然而不得不说的是，这种教育在一定程度上压抑了孩子的个性。新时代需要有个性、有自信的孩子，而这样的孩子大多是在激励和赏识的教育中培养出来的。这就需要家长对孩子多点儿耐心，找到他的闪光点。

父母想要教育好孩子，最关键、最要紧的是要学会欣赏孩子，善于发掘其身上的闪光点，而不是一味地埋怨和批评。寻找孩子身上的闪光点就能恰当地进行评价和表扬，不仅仅能让孩子感受到温暖和关爱，也能让孩子受到鼓舞和启发。鼓励是自信的酵母，夸奖是自信的前提，有效的鼓励和夸奖能让孩子发扬自己的优点和长处，取得更大的进步。

当然，努力发现孩子身上的闪光点不仅仅对于他改正缺点有着积极的作用，对于他未来人生的发展更是有着不可估量的作用。努力发现孩子身上的闪光点，就是发现孩子身上的潜能，帮助孩子把潜能开发出来，成就他更加精彩的人生。

每个孩子身上都有闪光点，只是有的孩子的闪光点是天生就有的，有的孩子的闪光点是后天培养起来的。就像有的人天生对语言敏感，也有不少小时候并未表现出语言天赋，在后来的学习中找到了兴趣，同样也成就了一番事业。而且，父母得明白，比起孩子能力上的闪光点，孩子身上表现出的道德性的闪光点对于孩子的人生发展有着同样不可忽略的作用，比如有些孩子就是喜欢热情地帮助别人。

只要细心观察，不戴有色眼镜，就能找到孩子值得赞美和肯定的地方。在明白了这点之后，父母就需要在平时多观察，多深入挖掘。

不忽视孩子每个细小的进步

每个孩子都像是一块尚未雕琢的璞玉，都有成为人才的可能性。而这块玉是大放光彩还是失去光芒，完全看父母如何教育了。

很多父母常常因对孩子要求过高而难以看到孩子的细小进步，甚至当孩子没有达到自己理想的标准时就全盘抹杀孩子的进步，这其实是非常错误的做法。

事实上，孩子的进步是阶段性的，是需要时间的，家长应该充分明白并理解这点，给孩子的成长以充足的时间，赏识孩子的每一个进步。只要孩子比原来有所进步，就要及时给予孩子肯定和赞扬，这对孩子来说是一种很大的鼓舞，会让他们在进步的道路上不断前行。

所以，家长不妨对孩子说：“你每天都在进步。”这句话对于成长中的孩子来说，尤其对看起来没什么进步的顽童来说，是一种积极的鞭策。要知道，孩子受到什么样的对待，就会变成什么样的人。

每个孩子都是不断成长的，从不成熟到成熟需要经历一个较为漫长的过程。在孩子们看来，自己前进路上的每一步都是不容易的，只要做好了，父母就应该高兴，就应该表扬自己。在家庭教育中，父母应该读懂孩子的这种心理，珍视孩子的进步，学会欣赏孩子，因为这不仅影响到孩子学习和做事的效果，还会影响到孩子对人对事的态度。

不积跬步无以至千里。没有细小的量的累积也就没有质的变化。我们都相信，没有孩子注定做一块失去光芒的石头，只要父母留心孩子每一次细小的进步，并用一种赏识的眼光去看孩子，及时鼓励孩子，这块玉就总会有大放光彩的一天。

肯定孩子的优点要及时

表扬是鼓励孩子前进的一种动力，表扬得越及时，对孩子自信心的树立越有帮助。

我国著名的教育专家朱永新在《新教育之梦》中有这样一段

话：理想的父母永不对孩子失望，决不吝啬自己的表扬和鼓励。在教育子女的过程中，父母的一个微笑、一个赞许、一种肯定都会激起他们非常强烈的情感，扬起他们希望的风帆。

及时具体地肯定，才能让孩子更加清晰明确地认识到自己的优点，并保持这种优点。

有针对性地赞扬孩子

在家庭教育中，多肯定和赞美孩子的表现对于促进孩子的成长是很有帮助的，但与此同时父母还应该注意，赏识教育不能毫无限度和标准，父母应该学会拿把“尺子”称赞孩子，即以一个统一的标准来看待孩子的表现，并具体说出孩子值得肯定的地方。

美国心理学家里维斯博士认为，赞扬应当在孩子完成某一个值得肯定和鼓励的行为时进行，而且要恰如其分。如果误用欣赏和表扬，不仅不能起到教育的效果，还会适得其反。例如，如果经常使用类似“你今天表现得不错”等抽象性语言，孩子就很难明白受表扬的原因，容易养成骄傲、听不得半点儿批评的坏习惯。

表扬是一门艺术，运用不好是无法达到激励孩子进步的效果的，所以，身为父母，应该掌握表扬的艺术，具体来说，父母可以从如下方面去努力：

1.表扬要注意个性。对性格内向、个性懦弱、能力较差的孩子就要多肯定他们的成绩，增强他们的自信心。反之，对虚荣心强、态度傲慢的孩子则要有节制地运用表扬，否则将会助长他们的不良性格，影响他们的进步。

2.表扬要具体。表扬得越具体，孩子越容易明白哪些是好的行为，越容易找准努力的方向。如孩子洗了手绢，可以夸赞他洗得真干净；孩子收拾了玩具，可以表扬他收拾得真整齐。只要孩子有进步就要鼓励，有好的表现就要赞扬。只要留心，总会找出具体理由来称赞与表扬孩子。

3.在表扬孩子时应掌握好方式。表扬、鼓励的方式有很多，如购买图书、玩具、衣服、糖果、饮料等物质奖励；点头、微笑、搂抱、竖大拇指等动作、表情奖励；恰如其分的语言表扬；等等。只有适合孩子的表扬方式才能收到最好的效果。

4.夸努力不夸聪明。努力是孩子的付出，而聪明是天生的。如果家长总是夸孩子聪明，就会让孩子觉得，他成功的原因是因为聪明，而聪明不聪明并不是他自己能够改变的。这样夸他，反而会让孩子更加依赖自己的聪明，而忽略了努力的部分。

5.表扬和建议相结合。孩子做事情不可能做得十全十美，如果只是表扬，那么并不能有效地帮助孩子改正做错的部分，反之家长可以先表扬，然后提建议，这样的话孩子便好接受些，也能够向着更好的方向发展。

适度的表扬，给孩子创造一个积极成长的环境，对于培养他自信乐观的品质有着积极的作用，而且还有助于父母和孩子之间形成和谐的亲子关系。身为父母，可以试着去学会这门“魔法术”。

【小技巧】

1.针对孩子的个性进行表扬。

2.具体的表扬好过笼统的表扬。

3.表扬和建议相结合。

赞赏需要适时适度适当

赞美不能掉价，表扬不能失效

有些父母不吝表扬，可久而久之却发现，孩子听多了赞美和表扬，产生“抗体”了，赞美和表扬已不能像以前那样让他们激动、兴奋。而当孩子遇到挫折和失败，受到批评的时候，往往会无法承受压力。

当表扬失效的时候，并不是说表扬本身不行，而是表扬缺乏感动，缺乏实质的内容。因此家长们不妨多多反思一下自己，看看自己表扬孩子时是不是也犯了下面的错误：

家长们应该反思的第一点就是：自己的表扬是不是流于形式了，所以孩子才不兴奋了。比如“很好”“还可以”“还行”之类的话对于优秀孩子来说，是没有意义的。对于不够优秀的孩子来说，这种浮于表面的夸赞也不会让他们产生自豪感，甚至觉得自己是在被嘲笑。许多家长常常用“你是个好孩子”之类的话来称赞孩子。这种总体的、笼统的赞美，起不了引导孩子正确自我估价的作用，因为他们不知道自己好在哪里。家长应当对孩子具体的行为进行及时具体的表扬，就很有可能产生意想不到的效果。

家长们需要反思的第二点就是：自己的赞美是不是太多了。再好的药也不能滥用，否则会对人产生不良影响，赞美也一样。

有些父母知道赞美孩子有着各种奇效之后，就使劲地给孩子用这味药，结果惹得孩子很反感，反而起到了不好的效果。而且，如果父母对孩子赞美过多，慢慢会导致孩子失去自我评价的能力，他的情绪和注意力都会建立在别人对他的评价之上。

此外，家长们还要注意，表扬不仅要看结果，更要看过程。有的孩子经常好心办坏事。比如说有个孩子吃饭之后想自己刷碗，但是不小心把碗打破了。这个时候如果家长不分青红皂白一顿批评，可想而知孩子的内心会非常委屈，以后也不敢再主动做家务了。如果家长能够冷静下来说："你想自己主动做事情很好，但是厨房的地很滑，要小心。"孩子的心情就会很放松了，今后他也一样喜欢自己的事情自己做，还会非常乐于帮助别人做其他事情。因此只要是孩子"好心"就要表扬，然后再帮他们分析造成"坏事"的原因，告诉他们如何改进，这样也会收到好的效果。

【小技巧】

1.本身不够优秀的孩子更需要表扬。

2."无功不受禄"，让表扬言之有物。

3."好心办坏事"的孩子一定要给予肯定。

激励和表扬要体现在日常生活中

激励可以让一个平凡的孩子表现得很优秀，赞扬可以让一个自卑的孩子逐渐认可自己。每一个孩子都渴望得到他人的激励和表扬，这对于孩子的成长来说是不可或缺的滋养，因此，父母应该尽量多多激励和表扬孩子，而且要尽量将这种激励和表扬体现在日常生活中。

每个孩子都可能成为非凡天才，但这种可能的实现，取决于父母和老师能不能像对待天才那样去爱护、期望、珍惜孩子。孩子的成长方向取决于父母和老师的期望。

对孩子鼓励多，孩子进步得就快。鼓励是自信的酵母，夸奖是自信的前提，夸奖不仅仅表明了父母对孩子的信心，同时也坚定了孩子对自己的信心，只有孩子对自己充满了信心，他才会为成功找办法，不为失败寻借口。

父母在表扬孩子时尽量体现在日常生活中的每一件事情上，不要把注意力只放在学习成绩上，从其他方面鼓励和表扬孩子，会给孩子带来真正的自信，而这种自信也是可以影响到学习成绩的。

每一个孩子都有自己擅长和不擅长的事情。可是，大人往往都很功利地看待孩子的这些优点和缺点，只用学习成绩好坏来衡量。

学习只是孩子的一个方面，情绪控制能力怎样、是否懂礼貌、能不能帮助父母做家务……生活中有更多侧面，等待家长去观察、去挖掘！

表扬要讲究时效，趁热打铁

父母不仅要学会称赞和表扬自己的孩子，还应该打铁趁热，及时进行表扬。

因为当孩子表现良好、做出了成绩，或者取得进步的时候，是十分希望得到肯定和赞许的，此时孩子几乎将所有的精力和期待都放在了这件事情上，所有的兴奋点也全部集中在这件事情上。

父母此时趁热打铁，称赞一下孩子，孩子的成就感就能得到满足，从而能巩固孩子的良好行为，增强孩子的办事热情。

著名的儿童教育家陈鹤琴就曾说过：“无论什么人，受激励而改过是很容易的，受责骂而改过是不大容易的。而小孩子尤其喜欢听好话，而不喜欢听恶言。及时有效的好听话，对孩子改过有着不可估量的作用。”

此外，父母及时的鼓励也可以培养孩子的自强心。

每个人都很期待自己的付出可以获得回报，这几乎是人的天性。孩子在自己努力表现的时候，也希望可以得到父母的夸奖，这是孩子正常的心理渴求。因此，父母在孩子表现好的时候，不妨及时夸奖孩子，满足一下他们的这个心理。

【小技巧】

1.满足孩子喜欢听到表扬的心理。

2.有优点就表扬式地鼓励。

3.对孩子的表扬，越及时越好。

不当的表扬会让孩子不满意

很多父母都相信“好孩子是夸出来的”，认为夸奖会带给孩子自信，让他们有安全感。可事实上，不当的夸奖也有可能导致孩子紧张或行为失当。那为什么会出现这种情况呢？

原因主要有以下两点：

第一点，父母夸奖时，并没有仔细了解孩子当时的心态。

第二点，父母的一些评价过于夸大，这让孩子有些不安。孩子为了减轻自己的负担，可能会选择用不当的行为来坦白。

为了防止不当表扬引起孩子不当的行为，父母在表扬时一定要注意方法，讲究策略。那么，表扬和鼓励需要哪些技巧呢？

第一，表扬生活细节。比如，不要只在孩子考了100分时才说上一句“考得不错”。这样，孩子受表扬是理所当然的，表扬的激励作用也就发挥不出来了。父母应多注意生活细节，从细节中表扬孩子。如：今天确实不错，你学习了两个半小时。这样的话，可让孩子感受到爸爸妈妈的无微不至，因为父母能注意到他细小的进步。

第二，夸奖要有限度。对孩子的夸奖绝不能过于夸张，过分夸奖或炫耀孩子的长处，容易使孩子产生比谁都强的心理，不允许或不能接受别人超过自己。大人在夸奖孩子时一定要实事求是，不要夸大其词，并在表扬孩子时指出他的不足之处。

第三，要戒除孩子的功利心。当孩子因为做好一件事情受到称赞时，就会期待下次再完成同样的事情后，家长继续夸他。如果单纯是为了获得夸奖而努力，这并非是一个正确的心理状态，还很容易滋生孩子的功利心。

所以，随着孩子年龄的日益增长，家长可以逐步减少夸奖的次数，让孩子在成长过程中认识到自己把事情做好是理所当然的事情。

第四，给孩子进步的时间。在获得家长的称赞之后，孩子很希望以后能够多多得到家长的夸奖。在此需要提醒家长的是，不要因为孩子一次表现很好，就期待孩子每次表现都好。对于学龄前的孩子来说，他们的各种能力都不够成熟，很多行为的出现都是不可预期的。说到底，孩子的成长和进步都需要一定的时间和空间。所以，我们应该容许孩子偶尔出现失常的表现。如果期望太高，反而会给孩子带来压力。

【小技巧】

1.不要单纯为了夸奖孩子而夸奖孩子。

2.发自内心的夸奖，一般都是合适的。

3.夸奖要适时、适度、适量。

第五章

面对错误，还有惩罚之外的方法

放下棍棒，寻找代替惩罚的方法

建议比批评更管用

父母批评和教育孩子，多是想用“苦口良药”和“逆耳忠言”帮助孩子成长，然而，这样良好的期待，却常常难以收到好的结果。

其实，父母想要帮助孩子培养良好的品格、教养、习惯，促使孩子茁壮成长，完全可以将自己对孩子的批评转换成给孩子的建议。以下的方法可以参考：

第一，在教育孩子之前，父母最好能仔细回想一下孩子的行为，并用描述性的语言记录下来，如孩子当时做出了怎样的举动、错误和表现糟糕的地方在哪里、其中有哪些可取之处和需要改进的地方，要保持客观的态度。

第二，父母在教育孩子时，最好能用商量和建议代替苛责。

同时，父母还可以多用正面积极的语言来描述孩子的行为等，并且在认同孩子的基础上，给孩子提出建议。在提建议时，讲自我经历的方式和激发孩子自我思考的方式都是可以用的。父母讲究恰当的方法是孩子健康成长的重要保障，在家庭教育时一定要注意这一点。

随着孩子一天天长大，他们需要理解周围世界的规则，需要了解周围人对他们的期待，需要了解自己和别人怎样相处，需要通过一些途径来衡量自己不断增长的技巧和能力。他们需要了解的太多，于是就免不了遭遇一些错误和困难，可能会因此而感到沮丧，失去自信。作为家长应该理解孩子这时候出现的错误和困难，多给孩子一些建议，少给孩子些批评，让他们明白更多的道理，同时不会对自己失去信心。

【小技巧】

1.绝不可以通过一件事来否定孩子。

2.批评之前“三缄其口”，先将肯定的话放在前。

3.用商量和建议代替严厉苛责。

科学看待孩子的不听话

相信很多父母都曾问过这样的问题：“孩子怎么就这么不听话呢？”不过，在解答这问题之前，父母不妨先静下心来，仔细想想：孩子的不听话是不是真的没有一点儿好处呢？不一定吧。

就像每一枚硬币都有正面和反面一样，孩子不听话也并不是全都是消极的，它也有着其积极的一面。

因此，身为父母应该学会科学地看待孩子的不听话。

德国著名心理学家海瑟曾经做过这样的一个研究，他挑选了100名2~5岁的孩童，其中部分是具有反抗意识的即大人嘴里不听话的孩子，另一部分是毫无反抗意识的即大人们都喜欢的非常听话的孩子。

在此后的数十年间，他对这些孩童的成长进行了详细的追踪调查，一直追踪到这些孩子的青年时期，然后进行了研究分析。

他发现了一个令人吃惊的现象：那些反抗力强、小时候不听话的孩童，有85%成长为意志坚强、具有判断力的人，而那些没有反抗意识、很听话的孩子大多数成了依赖性很强、判断力弱的人，只有少部分具有较强的意志力。

其实，在生活实践中，人们也很容易发现，那些不怎么听话的孩子，往往自我意识都很强，这样的孩子通常会表现出智力活跃、反应敏捷、喜欢提问、对新鲜事物充满好奇、好胜心和勇气较强等特点，这些因素对于孩子的健康成长都是十分有益的，如果父母能好好发现和引导，那么，不听话的孩子将来也能出类拔萃。

科学家也经过调查发现，那些在学术上或者事业上有所成就的女性，大多数都是一些小时候对父母的话并不是那么百依百顺的女性，她们从小对生活中的事情总是有自己的主见，并坚持自己的主见。

疼爱孩子，也要懂得如何责罚

每个父母都是爱孩子的，不想责罚孩子。可是，适当的责罚在教育中是很有必要的。

首先，恰当的责罚会让孩子真正意识到做错事情的后果。

每个孩子都会有犯错的时候，犯了错误之后，有一些家长出于疼爱，觉得只要让孩子知道这样做是不正确的就可以了。

其实，孩子需要为其错误的行为付出一些“代价”，才会意识到这种错误行为的真正后果。

其次，只有适当地责罚孩子，才能让孩子真正学会一些规矩，这对于孩子学会守规则十分重要。

有不少家长给孩子定了规矩，但却没有相应的责罚，结果孩子还是不遵守规矩。如有些家长告诉孩子吃饭按时吃，可是当孩子没有按时吃饭，说自已肚子有些饿的时候，立马又跑到厨房给孩子做饭，还边做饭边说“不是告诉你了吗，要按时吃饭”。

当孩子看到即使不按时吃饭，想吃还是能吃到时，他按时吃饭的观念立马就降到了最低点。

最后，适当的责罚会让孩子更加坚强。

父母总是害怕孩子受到各种挫折、各种困难。可是，挫折困难却是人生中不可避免的。

作为父母，与其白费力气担心孩子受挫折受打击，还不如帮助孩子培养在挫折和困难中坚强面对的心理素质。

好的家庭教育一定是赏罚结合的。当然，父母必须注意“责罚”孩子的手段，体罚、当众责罚孩子是不可取的。

【小技巧】

1.小事能装糊涂，大事不能装糊涂。

2.不能放纵孩子的原则性错误。

3.坚持原则，就是不给孩子回旋的余地。

惩罚太多，必将失去效应

有一个成语叫“物极必反”，意思是说，事物发展到极点，会向相反方向转化。这个成语提醒我们在做事情的时候一定要把握好尺度。其实，在教育孩子的过程中，尤其是惩罚孩子的时候，父母也应该记住这样一个简单朴素的道理。

很多家长都会有这样的疑惑：不是说好的教育应该赏罚结合吗？怎么罚来罚去，孩子就是屡教不改呢？这时候，就需要家长静下心来，反思一下自己了，是不是将惩罚当作家常便饭了？如果是，那可就太糟糕了。

这是因为大凡孩子知道自己犯错的时候，内心都有一种要接受惩戒的准备，会担心家长如何处置自己。在这种担心之下，他自己也会告诉自己以后不要再犯了，没有人喜欢不安的感觉。可是，如果家长经常性地惩罚孩子，孩子就会预料到家长惩罚的手段，他们心中的那种不安会逐渐消失。一旦这种不安消失了，孩子就开始无所顾忌了。对孩子的惩罚如果太多，孩子就会形成一种印象：惩罚其实没什么大不了的。

如果家长经常惩罚孩子，不仅起不到教育的效果，还会对孩子的身心发展造成伤害，影响孩子未来的人生。科学调查显示，那些在经常性惩罚中成长起来的孩子，要么性格内向，害怕与人交往，总是表现出极其不自信的样子，要么就性格暴躁，具有暴力倾向。

此外，经常惩罚会让孩子对父母产生敌对情绪，从而影响亲子关系的和谐。

总之，家长千万别忘记了，惩罚教育是一把双刃剑，因此家长在用的时候，要谨慎，否则不但实现不了惩罚孩子的初衷，还会伤害孩子、伤害自己。

问题多多，如何结局？好言好语好方法

“等我冷静一下再说”——愤怒时最好闭嘴

科学家通过实验表明，人和人沟通的效果，70%取决于谈话时的情绪，30%取决于谈话的内容。

据此，科学家建议人们，在谈话的时候，一定要调整好自己的情绪。因此，父母在教育自己的孩子时，也应该注意调整好自己的情绪，让孩子不必分心与情绪对抗，而是直接面对问题。

相反，用一种愤怒的情绪跟孩子去沟通，只会让孩子很反感，从而很容易与父母对着干。

要想让孩子听进父母的劝告，父母一定要学会在愤怒时闭嘴，对此专家给出了以下几点建议：

一、要学会控制自己的情绪，不要带着消极的情绪去教导孩子。带着消极的情绪去教育孩子，会给孩子一种好像自己是父母的出气筒的感觉，一旦孩子有了这种感觉，孩子的逆反心理就开始起作用。

二、当父母在教育孩子时出现了负面情绪时，尽量要做到离开孩子，借机让自己冷静一下，也可以管住自己的嘴巴，不说出伤害孩子的话。等到情绪平静了以后，再教导孩子，一般而言，这时候，父母的话会比较客观而且有效得多，孩子也容易接受。

三、学会转移自己的注意力。每个人在愤怒的时候都会表现得很固执，将注意力集中在一点上，紧抓住不放。可是也正是因为如此，人很容易陷入一种错误的观念中，增加自己的愤怒。

从前，孩子只要一犯错误，尤其是那些屡教不改的错误，我就会很生气，抓住这一点不放，越说越生气，孩子对此很是反感，也听不进我说的。

有一次，在训斥孩子的过程中，孩子实在是受不了了，夺门而出，留我自己一个人在屋里。我看着空空的房间，一直很生气，直到我的注意力被放在阳台上的花吸引，才从愤怒中走了出来。

从那以后，孩子犯了错误，在批评他之前，我总要先遏制自己的愤怒去阳台上看一会儿花，直到心情平复，才回去跟他讲道理。结果却发现，孩子也很容易接受我的批评，甚至表示愿意主动改正错误。

其实，我原来只是不想自己老生气，没想到还收到了意外的效果。

总之，如果父母想让对孩子的教导卓有成效，应该学会在自己愤怒的时候冷静一下，等到情绪平静了再去跟孩子沟通。

【小技巧】

1.在教育孩子之前，努力去平复自己的心情。

2.孩子犯错误时，不要只看到他犯错，多看看孩子脸上的表情。

3.当孩子激怒父母时，让孩子自己先在房间里独自待一会儿，也是给父母一个冷静的时间。

“我想和你说点儿悄悄话”——不要当众批评孩子

很多父母都不顾孩子的感受，当众批评孩子。要知道孩子也是有自尊心的，这样做会给孩子的自尊心带来很大的伤害。

有一些父母，喜欢当着孩子的同学面批评孩子，其实这对孩子的伤害很大。孩子是很在乎自己在同学心目中的印象的，在孩子的同学面前批评孩子，会让孩子感觉很丢人，进而对父母很反感。

其实，父母批评孩子，无非是想让孩子改正错误。可是，如果不考虑孩子的感受，当众批评孩子，不但不会让孩子意识到自己的错误，可能还会带来一系列的负面效应。对于那些天生比较胆小的孩子，父母当众的批评可能会导致孩子在与人交往中唯唯诺诺、不自信。对于那些自尊心很强的孩子，父母的当众批评，只会激起孩子强烈的反抗。

没有人喜欢让大家都看到自己犯的错误，孩子也一样。因此，当孩子犯错误时，父母应该尽量避免当众批评孩子，可以试着悄悄告诉孩子他所犯的错误，孩子肯定会乐意接受父母这样的批评，改正自己的错误的。

“这也不是件坏事情”——换个角度说事情

很多父母都会遇到这样的情况：孩子很努力地去学习一样东西，可是成绩却不如人意，孩子就会觉得很沮丧。这时候很多父母都是一味地鼓励孩子继续努力，却发现收效甚微，孩子的心情还是很沮丧，也很难再继续坚持学习。

每个孩子在学习新事物的过程中，都会伴随一系列的失败，这些失败会让孩子丧失自信，从而产生想放弃的念头。这时候，如果父母只是一味地鼓励，然而，作用并不是很大。这时，父母可以换个角度，告诉孩子这些挫折也并不全是坏事情，然后帮助孩子理性分析，这比只是一味鼓励要好得多。

我们常说，任何事情都有两面性，有好的一方面，也有坏的一方面。挫折也是如此，如果能从挫折中找到解决问题的方法，那它就是一件好事情。在孩子遇到失败或者挫折的时候，一味地鼓励孩子，不如把这个道理告诉孩子。

古诗云：“山重水复疑无路，柳暗花明又一村。”在教育孩子的时候，换一个角度，就可以把“无路”的情形转化为“柳暗花明”的另一番天地。

“要是不这么做的话”——在对比中领悟道理

父母都会遇到这样的情况：都告诉了孩子不要那样做，可是孩子就是偏不听，非得等到有了教训，才想起了父母的警告，可是这时候，往往都为时已晚，孩子已经受到了伤害。如果说这只是一些小伤害倒还无所谓，就当是给孩子上了堂课，可是有些伤害却会对孩子造成永久的影响。

有些父母会说“道理都讲一箩筐了，可是孩子就是听不进去，我们还能怎么办呀”。其实，讲道理也需要技巧，一般来说，在对比中让孩子领悟道理，是很有效的一种方式。

孩子虽然有时候不听话，但是道理他们还是懂的，尤其是一些他们可以从生活中看得见的道理。很多父母总有一个错觉，认为孩子听不进自己所说的话，就是听不进道理，因此有时候采取了一些强硬的态度来对孩子，却发现还是收效甚微。其实，孩子是听得进道理的，但需要父母在给孩子讲道理时，展示一些可以看得见的效果。

总之，人都有趋利避害的本能。如果父母在给孩子讲道理的时候，能在对比中将利与害清晰地呈现在孩子面前，孩子是一定会去选择对自己有利的一方面的。因此，当孩子不听话的时候，父母可以试着在对比中让孩子去领悟其中的道理。

【小技巧】

1.让孩子在故事中、在不同人物的命运中领悟道理。

2.将生活中出现的反面例子指给孩子看。

3.在给孩子做对比时，说话的语气要温和，不要恐吓。

宽容一下，效果更好

理解孩子的小脾气

婴儿时代的孩子常常会用哭的方式来表达他的痛苦。由于孩子还不会表达，父母总会耐心地寻找原因，直到他们不哭不闹为止。这时候，父母总觉得孩子的脾气不可捉摸是理所当然的，并且认为，当孩子学会表达以后，这种情况就好多了。可是他们却惊讶地发现，即使孩子长大了，他们的脾气有时候还是不可捉摸。

而且一旦小脾气得不到理解，孩子就开始和父母唱反调，这个时候家长可能会疑惑：孩子为什么越大就越不听话了呢？

其实，孩子并不是越大越不听话，而是他们长大了，有了自我意识。当他们的情绪被父母否定之后，自然会表现出不高兴，觉得父母不理解他。因此，聪明的家长如果希望孩子长大之后依然是听话的好孩子，就要学会尊重孩子的自我意识，尊重他们的情绪，理解他们的小脾气。

和成人不同，孩子的情绪往往会敏感很多。因此，有时候认同孩子的情绪，是促使孩子乐于与父母合作的主要因素。

很多父母当孩子在告诉他们遇到的问题或困难的时候，往往会迫不及待地扮演“救世英雄”的角色，告诉孩子面对这样的问题应该怎样解决。但是，让父母不理解的是，面对父母的好意指点，很多孩子不但不领情，反而会大发雷霆。

看吧，这就是孩子的怪脾气，他们又哭又闹，看上去无比委屈，但是他们从内心并不想解决这个问题，只是为了博得爸爸妈妈的理解和同情，只是想得到安慰。在不了解孩子情绪的状况下，父母做出的任何帮助可能都不是孩子想要的。他们需要的，可能就是父母一个认可的眼神、一个关爱的动作，只要做到这些，就能够让孩子从坏的情绪中摆脱出来。父母在了解了这一点之后，就可以在与孩子沟通的时候多聆听，少提建议。在孩子发泄脾气的时候，先明确孩子是希望父母帮她们解决问题，还是只想向父母倾诉一下。明白了孩子的心理需求，就能够减少这种不必要的冲突了。

如果孩子觉得自己的情绪没有得到父母的肯定，就会认为父母不尊重他们，他们会因此更加伤心难过，并且情绪变得更糟糕，甚至会苦恼、摔门、大发脾气。所以，当孩子向家长表达自己的情感，尤其是负面情感的时候，父母与其给孩子提供解决方法，不如接受其情绪，并对其遭遇表示同情。

有的父母总觉得孩子的小脾气是莫名其妙的，似乎永远都不可捉摸。

其实，恰恰相反，孩子发脾气的原因都是很简单的，多数时候都是父母不理解孩子，才导致孩子发脾气。如果父母试着去体会孩子的感受，多多理解他们，就会发现，孩子其实还是那个听话的孩子。

【小技巧】

1.接受孩子的情绪。

2.孩子闹脾气了，不要轻易否定。

3.先安抚情绪，再提出合理化建议。

不要太介意孩子的“顶嘴”

有不少家长都感觉随着孩子一天天长大，渐渐觉得孩子不如从前听话了，并且变得难管了，动不动就与家长顶嘴，家长说东，他偏说西，这令家长十分为难和恼火，真不知道到底该拿这孩子怎么办才好。

其实，家长也没有必要十分烦恼，只要找到孩子顶嘴的原因，一切都是很容易解决的。一般而言，孩子的顶嘴都是有原因的。随着年龄的增长，当孩子进入了青少年时期，他们具有一定的独立思考能力，从这时候起，他们不再愿意别人把他们当作小孩子来看待，也不愿意处于被照顾的从属地位，更不愿意一直处在被命令指派的位置。所以，家长们没有必要为孩子的顶嘴而生气恼火，不妨为此感到高兴，因为孩子开始顶嘴意味着他们有自己的想法了，有独立思考的能力了，这不正是家长所企盼的吗？

有的父母不愿意接受孩子开始顶嘴这个现实，大多数是由于受到千百年传统观念的影响，总觉得小孩子见识少、阅历浅、不成熟，于是就形成了“父母说话小孩子听”的定论。也有不少父母要孩子对他们“言听计从”，否则就认为有失父母的威信和尊严。其实这种想法也是不对的，因为父母不可能总是按照管教三四岁小孩的方法来对待自己已经长大的孩子。要求和命令的时代已经过去，换成说服的方式就可以了。

聪明的家长应尊重孩子的独立性，允许孩子有不同的观点、看法。面对顶嘴的孩子，应保持风度、保持冷静，不要轻易发火动怒，加剧双方的抵触情绪。要善于倾听孩子的意见，耐心让孩子把心中的观点讲出来，然后分析一下孩子说的是否有道理，变顶嘴为讨论、探讨。如果孩子是正确的，就应该给予肯定和鼓励。如果孩子无理取闹，家长也可坚持自己的观点，但应该将心比心，耐心听完孩子的意见后，讲明道理，真正说服他。

德国汉堡心理学家安得利卡·法斯博士通过多年的实验观察后证实，隔代人之间争辩，对于下一代来说，是走向成人之路的重要一步。能够同父母进行真正争辩的孩子，在以后会比较自信、有创造力和合群。

孩子争辩的时候，往往是他们最得意的时候。这至少有两个好处：一是当孩子最来劲、最高兴、最认真时，对他们的大脑发育是有好处的；二是这样可以营造家庭的民主气氛，增加孩子各方面的能力。这样的孩子具有很强的交际能力和其他方面的能力，对将来的发展是大有好处的。

总之，如果一个孩子从不与人争辩，总是与世无争，那么，他的勇气、智商、口才、进取心、自信心等就值得怀疑了。因此，从某种意义上说，争辩是孩子的一门必修课，而这门课最好在家里进行。在争辩的过程中，父母要有热心和耐心，让孩子在争辩中不断成长。

【小技巧】

1.对孩子无关痛痒的顶嘴，别计较，别生气。

2.不能霸道地说孩子的顶嘴就是错的。

3.允许孩子争辩。

好妈妈会反思：一定总是孩子错吗？

在现实生活中，大凡是孩子和父母争吵，父母会觉得一定是孩子的错。这一方面是因为父母总是不自觉地把自己摆在了比较权威、不能触犯的位置上；另一方面，则是由于父母总觉得自己为了孩子好。在这种双重“有理”下，大多数父母都会觉得一定是孩子错了。

处于青春期的孩子比较容易和父母起冲突，这是可以理解的正常现象。孩子在慢慢地成长，他们的自我意识也在进一步发展，并逐渐形成了自己的价值观，这种价值观有时候与父母的价值观不同，就会遭到父母的反对。但是他们又不会按着父母的价值观来，于是就和父母起了冲突。其实，这种冲突完全可以少一些，这就需要父母多宽容、多理解孩子，要放下自己家长的权威，不要总是觉得孩子不懂事。如果家长能够学会及时反思自己，那么一定能够得到孩子的理解，从而走进孩子的心里，与孩子之间建立一种亲密的类似于朋友的关系。

我们总说，每个人都会犯错误，父母在教育孩子的过程中也是一样，可是，好的父母一定会在错误出现的时候，反思一下自己。其实，父母反思的过程，就是站在孩子的角度上看问题的过程。会反思的父母之所以会受到孩子的喜欢，就是因为他们可以用一种平等的态度，站在孩子的角度上思考问题。

反思我们对孩子的“过火”

现在的孩子越来越不好管了，动不动就要和家长唱反调！

孩子为什么会这样？其实，教育方式不当，也是导致孩子逆反的重要原因，所以做家长的不妨看看自己在教育孩子时有没有犯过以下错误。

1.唠叨不休

你觉得自己是唠唠叨叨的家长吗？

A.有点儿爱唠叨

B.不是

有的父母唯恐孩子不听话，遇到事情就会反复和孩子唠叨个没完。岂不知，这样的做法会造成很多孩子的逆反心理。当孩子过多地接受同样的教育内容时，他的大脑就会对这些信息进行自然屏蔽。这种“木鱼式”的教育，孩子过段时间就会听腻了、听烦了，变麻木了，即使他明白家长说得十分有理，可能也不愿意听。

2.提出过高要求。

你觉得你是“拔苗助长”型的家长吗？

A.是的

B.不是

有的父母很少考虑孩子的实际能力，盲目地对孩子提出些过高的、不切实际的要求。这些强人所难、拔苗助长式的做法会给孩子造成巨大的心理压力。日久天长，当孩子感到心力交瘁，再也无法承受这些压力时，他们就会采用各种方式反抗。

3.不顾孩子的意愿

你愿意“一厢情愿”为孩子安排吗？

A.习惯为他们都安排好

B.让他们自己做选择

有的爸爸妈妈为了让自己的孩子不输在起跑线上，给孩子安排各种各样的学习项目，但是却没有真正考虑到孩子的实际情况与个人爱好。如果孩子对家长的这种安排不感兴趣，那肯定是学不好的。这时候如果家长再摆出长辈的架势采取高压政策逼孩子就范，那就很容易使孩子产生强烈的逆反心理。

4.对孩子专制粗暴

你觉得你对孩子很严厉吗?

A.是的，挺严厉的

B.不，自我感觉挺民主

一些家长信奉“不打不成才”，一旦孩子达不到自己的要求，就会现出“怒目金刚”相，这样的做法是非常错误的。个性比较温顺的孩子经常会屈从于父母的威吓，变得更加胆小、懦弱和自卑。个性刚强的孩子则会产生与父母对立的情绪，并不时以反抗形式来回应家长。

惊喜在最后——耐心听孩子说完

孩子有着不同于大人的思维模式，他们充满想象力，没有生活经验的束缚，也不带有很强的道德意识。作为父母，一定要去理解孩子的这种思维，不能凭借自己的生活经验或者道德要求评价孩子，否则对孩子的心灵来说，是一个很大的伤害。要知道，不管是对于周围人的爱还是对于一件事情的看法，孩子总是有着不同寻常的表达方式。

很多父母不等孩子把话说完，就打断孩子，是因为父母觉得孩子说的话太过幼稚荒唐，或者没有一点儿意义，有时候简直就是在说废话。可是，父母却很少知道，在父母眼里的废话，对孩子来说却有着重大的意义。

每个孩子都有无数的惊喜等着父母去发现，耐心地听孩子把话说完，感受孩子的童真和他们内心的爱，这对于所有父母都是一门必修课。

听明白孩子话里的话

孩子的话语中经常会包含一些特殊的意义，我们耐心倾听，可能会发现孩子的话是在“声东击西”。所以，我们不仅要耐心倾听孩子的话，更要能够理解孩子话里的深层含义，这样才能够明白孩子所要表达的真实情感，才能够更好地满足孩子的要求。

1.如果孩子不停地向你重复一件事情，你怎么认为?

A.没觉得怎样，挺平常的

B.孩子想得到关注

C.孩子想得到父母理解

几乎所有的孩子都想得到父母的关注，希望成为父母的焦点，所以会想尽办法去赢得注意。

2.孩子说出伤人的话，你会怎么想?

A.很生气，孩子怎么越来越不像话

B.想分析一下孩子的情绪

C.想想他是不是有委屈

在某些情况下，孩子可能会说出伤人的话，家长一定不能介意。比如孩子在气愤的时候会说“我恨死你了”，其实这并不是他们的真实想法，因为那么小的孩子，他们不一定能明白那些话的意思，他们只是借机来表达自己内心的不满而已。可见，家长能够读懂孩子话的意思是多么重要。

第六章

让孩子爱上学习

帮孩子将“厌学”变成“愿学”

调整好你对孩子的期望值

期望值也叫期望概率，是指一个人对实现某一目标概率的估计。一个目标确定可以实现时，期望概率为最大即为1；一个目标绝对实现不了时，期望概率为最小即为0。可见，期望值是人们对实现目标可能性的一种主观估计，这主要依据的是过去的经验。因此，若想获得相对可靠的期望值，需要对过去的经验有一个清醒而客观的认识。对于父母来说，对孩子的期望值需要建立在对孩子客观准确认识的基础上，对孩子的期望值不能过高，过高会给孩子过大的压力，让孩子觉得目标遥不可及，打击孩子的积极性；相反，过低的期望值则会让孩子产生懈怠。

每一个父母都希望自己的孩子取得好成绩，但是，我们对孩子的期望应该合理，给孩子制订的学习目标应该是在他能力范围内能够达到的。

制订一个他们“跳起来”能够够得着的目标最好。这样，孩子学习的时候也有动力。

生活中，很多父母之所以对孩子提出不合理的期望，主要是因为对孩子的能力不太了解，或了解得不够到位。“如果你了解了过去的我，就会原谅现在的我”，这句话也适合那些不了解自己孩子的父母，如果你真正地了解了你的孩子，根据孩子过去的经验和现状，你就会对孩子提出合理的期望。

如果家长对孩子的期望值超过了孩子身心发展的内在规律，就会严重影响孩子的性格、社会适应能力的发展以及身心健康。在高期望值的驱使下，家长评价孩子好坏的标准会严重失衡。很多家长对孩子在学习方面的期望值远远超过了孩子的承受能力，这十分不利于孩子的健康成长。在学习方面，父母要根据孩子既往的成绩对孩子提出合理的期望值，我们不能要求一个平时考20名左右的孩子在一学期之后考进前三名。只有合理的期望值，才有利于孩子的健康成长。

调整好对孩子的期望值

调整对孩子的“期望值”，做懂得孩子的父母，首先要放下身段，去体会孩子的欢乐和烦恼；其次还要做孩子的朋友，朋友的身份更能听到孩子真实的心声；再次不要把自己没实现的理想寄托在孩子身上，孩子是一个独立的个体，不是父母的奴隶，不要将自己未完成的梦强压给孩子。

看看下面的实例，反观一下你对孩子的“期望值”是否合理：

1.你是否没争得孩子的同意就给他报各种各样的补习班？

A.是

B.否

父母都希望自己的孩子既学习好，又多才多艺。但是，首先，孩子的精力是有限的，不可能什么都能学会、学好。其次，有些技艺是需要天赋的，不能强求孩子什么都学。再次，父母一定要了解孩子的兴趣点，这样，才能帮助孩子发挥他的潜能。

2.你都了解孩子的哪些方面？

A.学习、身体

B.除了学习、身体之外，还了解其他方面

如果你只知道自己的孩子是健康的，只知道他每一次考试在班里的排名，那么，你对孩子的了解就太少了。父母到底该给予孩子一个什么样的期望？除了了解孩子的身体和学习，还要了解孩子的性格、兴趣、心事等，给孩子提出合理的期望才有可能不至于太苛刻或太放任。

3.假设你的孩子数学考试每次都不及格，看到成绩单时你会有什么样的反应？

A.怒发冲冠、大发雷霆

B.帮孩子分析原因，不要求孩子一下子提高很多，只要有进步就好

孩子偏科，这是一个常见问题，你不能要求孩子一下子就解决。父母一定要了解并接受这个事实，不要看到孩子没考好就训

斥，训斥后就不管孩子了，这样，孩子永远处于被打击的境地，慢慢地就会认为自己学不好数学，也就不再学了。父母一定要帮孩子找到差的原因，帮助孩子一点儿一点儿地提高，只要孩子有进步，无论分数是多少，都表扬孩子、鼓励孩子，孩子才有动力去学，才能彻底改变偏科的状态。

调整好对孩子的期望值，做最懂孩子的父母！

帮孩子树立一个切合实际的目标

“请你告诉我，我该走哪条路？”爱丽丝说。

“那要看你想去哪里。”猫说。

“去哪儿无所谓。”爱丽丝说。

“那么走哪条路也就无所谓了。”猫说。

——摘自刘易斯·卡罗尔的《爱丽丝漫游奇境记》

这段对话充满了智慧，对于一个没有目标的人，人生怎么样度过都是无所谓的。所以，若想让人生过得有价值，选定一个能实现自己价值的目标是必不可少的。成功学专家拿破仑·希尔说，凡是成功卓越的人，一定都有一个明确的目标，因为目标能帮助他运用自己的智慧朝着既定的方向全力以赴。

选择目标固然重要，目标切合实际则更重要。不合实际的目标就像是表盘错误的导航仪，一定不会给我们指出正确的方向。

在孩子的学习中，需要一个切实可行的目标。现在很多父母都“望子成龙”“望女成凤”，以为把孩子的目标定得越高，孩子就会取得越大的成绩，这种想法是不科学的。

知识的积累是一个过程，父母帮孩子制订的目标太高会给孩子造成很大的压力，当孩子非常努力还是无法取得好成绩时就会打击孩子的积极性，因此，切实可行的目标很重要。

没有人能一蹴而就，尤其是知识的积累必须从一点一滴而来。父母给孩子树立目标时应该考虑一下孩子身体和头脑的负荷能力，否则欲速则不达。

制订切实可行的目标

制订切实可行的目标，关键在于认清孩子的现实，让目标高于现实，又不致于高到孩子无法实现，这也就是目标要“切实可行”的真正内涵。

1.你是让孩子自己制订学习目标，还是代替孩子制定学习目标?

A.让孩子制订

B.代替孩子制订

学习目标是孩子奋斗的方向，制订学习目标的过程是给自己鼓劲的过程，因此，要让孩子自己制订目标。但是，孩子制订的目标可能不切合实际，这时候，父母要帮孩子分析分析他制订的目标，找到不切合实际之处并加以修正。

2.你是根据什么帮孩子制订目标的?

A.想象

B.孩子的实际情况

帮孩子制订切合实际的目标，一定不能凭借想象，比如：希望孩子考第一名；要求孩子多才多艺……帮助孩子制订目标，一定要根据孩子的实际情况，目标既要能激励孩子，又不能急于求成。

3.你帮孩子制订的目标是阶段性的还是？

A.阶段性的

B.终极目标

帮孩子制订目标时一定要遵循规律，把大目标化成小目标，分阶段。如果只制订一个终极目标或者目标太远的话，就起不到激励的作用，等于没有目标，并且太远的目标显得大而空。

父母帮助孩子制订切实可行的目标，一定要先了解孩子目前的学习情况，对孩子通过努力能达到的情况也要有一定的预见能力。制订了目标后，父母一定要看到孩子的努力，经常鼓励孩子去执行，将计划坚持到底，不要因为孩子一时无法实现目标就传达给孩子消极的情绪，让孩子自卑。

引导孩子不断进步

随着社会的进步，很多家长对子女教育也越来越重视，但是，教育孩子就像是在大海中行船，一定要沿着正确的航线航行，否则，船越大越有触礁沉没的危险。目前，很多父母都十分重视孩子的学习，事实上，引导孩子学会学习并且不断进步是父母的一项重要职责。

但是，在现实生活中，有很多家长因为不懂孩子心理，不懂得教育方法，费力不少，效果却差，有的甚至引起孩子反感，适得其反。

其实，在教育孩子的问题上，也是有规律可循的，父母必须要掌握一定的技巧，才能引导孩子不断进步。

首先，我们要以发现的眼光看待孩子。

每个孩子都是独一无二的，也正因为他们是独一无二的，所以他们是最好的。这是每个家长首先应该树立的意识。千万不要天天拿自己孩子的缺点与其他孩子的优点比，比来比去，就会让孩子失去信心，严重的甚至会自暴自弃，这是非常不应该的。父母比较的目的可能是出于好意，想借此激励孩子不断进步，殊不知，孩子各有各的长处，各有各的特色，各有各的潜力。

我们做父母的，应该用发现的眼光看待自己的孩子，找到他的闪光点，不断鼓励，不断发现他的进步，在鼓励与发现中，促进孩子的成长。

其次，我们要以欣赏的眼光看待孩子的每一点儿进步。

不可否认，人与人之间的差异是天生存在的。有的孩子语文好，有的孩子数学好，有的孩子英语好，如果父母能够以欣赏的眼光看待孩子，及时发现并鼓励孩子的每一点儿进步，相信孩子会很快树立信心，并获得更大的进步。

再次，父母要以一些鲜活的案例来引导孩子，多与孩子进行有针对性的谈话。

父母是孩子的第一任老师，也是最了解孩子的人，因此，要经常与孩子进行对话，给孩子指出学习或做事的方法，同时，还要针对孩子的缺点去引导他。只有这样，孩子才能认识到问题所在，找到改正的方法，不断进步。

最后，父母要以身作则，用行动来感染孩子。

在这个世界上，孩子通过模仿而学习，他们的第一个模仿对象正是父母。孩子是父母的一面镜子，每位父母都可以从孩子身上看到自己的影子。因而，做父母的一定要给孩子做一个好榜样。要想让孩子热爱学习，父母首先就要以身作则，哪个爱学习的父母，孩子是贪玩的主儿呢?

正确引导孩子

父母都希望孩子越来越出色，往往会严格要求孩子，虽然棍棒教育已不再流行，但是，父母给孩子的压力并不比从前小。殊不知，真正优秀的孩子不需要严格要求，如果太苛刻反而会招致他们的反感，觉得没有自己的空间。因此，真正智慧的父母不会一味地要求孩子，而是根据孩子的具体情况加以引导，让孩子不断进步。

你属于哪一类型的父母呢？看看下面的问题，你是如何解决的。

1.假设孩子取得了优异的成绩，得意忘形地要求你满足他的愿望，你会怎样?

A.无限制地满足他

B.满足他，但是会鼓励他还可以做得更好

真正懂得奖励孩子的父母会在给予的同时提出相应的期望或要求，而不是纵容孩子，让孩子觉得取得好成绩就有了特权。如果孩子取得好成绩，你无限制地满足他的话，久而久之，学习就成了一种交易，但内在动力才是源源不断地促进孩子进步的力量所在。

2.孩子喜欢玩耍，总是一玩就忘了学习，你会怎样?

命令他去学习

A.身体力行去看书

B.孩子贪玩是天性，但是玩得时间长了，就不容易收回心投入学习。这时，如果父母命令孩子去学习的话，孩子肯定会有抵触心理。如果父母自己身体力行去看书，让孩子意识到到学习的时间了，就会自己主动去学习，这样就既达到了引导的目的又不伤害孩子。

3.孩子平时成绩不是很好，但这次考得不错，你会怎样?

A.怀疑孩子考试抄袭

B.鼓励孩子再接再厉

父母一定要肯定孩子的进步，即使是偶然的，也要肯定，这样会提高孩子学习的积极性和兴趣。任何事情一旦怀着积极性和兴趣去做了，自然会有收获。父母千万不能无视孩子的进步，更不能怀疑孩子，这样会伤害到孩子，打击孩子的积极性。

帮助孩子战胜考试焦虑情绪

在心理学上有一种疾病叫“詹森效应”。詹森是一个运动员的名字，他平时刻苦训练，实力很强，每次训练的成绩都名列前茅，但一到比赛时，詹森就发挥不出他的原有水平。由此，心理学上把这种由于缺乏良好的心理素质而在赛场上失败的现象称为詹森效应。

在学生群体中，詹森效应非常常见。很多学生，平时成绩特别好，但一到大考或升学考试时就发挥不出原有的水平。

心理学研究发现，焦虑本身并非是绝对的坏事情，适度的焦虑反而会让人的工作和学习效率提高，所以，运用得好的话，焦虑可以成为促使人们积极工作的动力。但是，一旦过了火，焦虑严重，就发挥不出原有的水平来。

如果孩子考试焦虑，父母该怎样帮助孩子战胜它呢？专家给出以下几种方法：

1.音乐治疗法。舒缓、轻柔的音乐可以缓解紧张的情绪，平复焦虑的心情。

2.转移注意力。转移注意力可以让孩子暂时忘记焦虑的事情，对缓解焦虑有一定的帮助。家长可以让孩子做一些家务，或者让孩子自己整理自己的房间和学习用具等。

3.娱乐放松法。娱乐的形式有很多种，家长可以和孩子一起看看放松的节目，给孩子讲些笑话之类的，来缓解孩子的考试焦虑。

4.正确估量结果。孩子考试焦虑和担心考不好有关。父母一定要让孩子对考试有个正确的认识，让孩子知道考好了当然好，考不好天也绝对不会塌下来。

5.情绪宣泄法。父母要引导孩子将焦虑的情绪宣泄出来，比如和同学交流、倾诉，或者让孩子自己对自己倾诉，给自己积极的暗示。

让孩子轻装上阵

怎么样让成绩不错的孩子在关键的时候发挥出原有的水平是一件需要智慧的事。如果孩子有考试焦虑情绪的话，父母就不要再给孩子施加压力了，过重的心理负担会让孩子自我暗示“只许成功，不许失败”。帮助孩子舒缓考试焦虑情绪，让孩子轻装上阵，才能让考试变得不那么可怕。

看看下面的例子，学习怎样做懂得帮助孩子缓解考试焦虑的父母。

1.面对争强好胜的孩子，作为父母，你还经常给孩子强调“升学考试必须考好，没有退路”吗？

A.是的，确实没有其他路可走

B.否，对孩子很少提要求

有的孩子需要家长的督促，而好胜心太强的孩子，无形中已给自己施加了很多压力，所以，父母一定要区别对待。

2.孩子升学考试时，很多家长陪考，你怎么看？

A.没有必要

B.一定得陪着，做好服务工作

一到升学考试时，很多家长会选择陪孩子上考场，以为有父母陪着、照顾着，孩子只需专心考试就行了，但是，这样的家长们没有意识到陪考会给孩子带来很大的心理负担。家长陪考会让孩子感到家长特别重视这个考试，只有考好才可以，否则没法向全家人交代。因此家长陪考就是好心办坏事，让孩子无法轻松上阵。

会学习，孩子一生的资本

激发孩子的求知欲

孩子刚出生时对这个陌生的世界可以说是一无所知的，为了能适应环境，自然会有一种特殊的力量来帮助孩子，让他们从复杂的环境中自动地选择那些对于他的成长来说最需要的东西。这种力量就是孩子的“求知欲”。可以说，这是孩子与生俱来的一种敏感力。

很可惜，这种与生俱来的力量并不会持续很久，等到了孩子6岁左右的时候，就开始减弱了。意大利著名的教育家蒙台梭利认为，幼儿的这种自然吸收和创造性的敏感力是成人没有的，儿童在幼年期所获取的一切将保持下去，甚至影响孩子一生。作为家长，应该竭尽全力去激发孩子的这种求知欲，让这种力量可以持续更久。这将是孩子一生的财富。

当孩子面对未知的事物的时候，父母最好不要直接告诉孩子关于这些未知事物的结果，而是要鼓励孩子自己去探索。

每一颗心起初都乐于探索未知的、新鲜的事物，为此，他们也会主动付诸努力，这是探究本能的需要。这一本能让人类通过不断探索和尝试，获得关于新事物的认识，感受走进自然的成就感，满足实现自我价值的需要。可惜的是，现在很多父母都遗忘了这一点，生怕孩子受到伤害，在孩子探究未知的时候经常阻止或终止孩子的行为，剥夺了孩子发现未知的权利。孩子自己愿意做的事情被阻止，面对未知时就会茫然，变得不自信。事实上，孩子在探究未知时是好奇和恐惧并存的，如果父母一味地保护孩子，让孩子远离危险，孩子就会被暗示不能做那些事，这样恐惧的心理就站在了突出的位置。

为此，很多教育工作者都建议父母在家庭教育中不要过度保护孩子，要适当放手，有时候甚至需要鼓励孩子去尝试，这样才能激发孩子的求知欲。

试想一下：如果父母一边做好保护孩子的工作，一边告诉孩子："别怕，去尝试！"这样孩子还会终止他的探究吗？不仅不会终止探究，这还会让孩子体会到探索的乐趣，慢慢地孩子会变得更勇敢和自信。

保护孩子的求在欲

"求知欲"是引导孩子往更远更深处探究大千世界的内在动力，父母要学会保护孩子的求知欲。可是，很多家长习惯直接将答案抛给孩子，却不知，孩子探寻的最大快乐不是得到答案，而是探寻的过程本身。直接将答案抛给孩子，只会让整个过程变得索然无味。激发孩子的求知欲，首先要做的就是放手让孩子自己去探索，如果父母担心孩子的安全，可以事先告诉孩子一些自我保护的方法。

在激发孩子的求知欲方面，你是合格的父母吗？

1.假设你的孩子要爬到屋顶，看看雏鸟长什么样，你会支持孩子还是阻止孩子？

A.当然阻止了，太危险了

B.不管他，随他去

孩子怀着极大的好奇心想看看雏鸟长什么样，这说明孩子想通过自己的努力去验证一下自己的想象。在面对这样的问题时，很多父母都表现得过于敏感，认为孩子太捣蛋了，爬房子成何体统，却不知道，你所谓的“体统”无形中伤害了孩子的探究欲。

2.假设你的孩子要体验蹦极，你会怎么做?

A.坚决不行

B.虽然觉得危险，还是支持他

孩子往往是“初生牛犊不怕虎”，好奇就想试试。蹦极存在着一定的危险性，让很多人看到就害怕。但是，如果你的孩子有这样的要求的话，说明他是一个勇敢的人，也想证明自己的勇敢，做父母的这时候阻止孩子只会让孩子反感。与其阻止孩子，不如多给孩子加层保护措施，让孩子安全地体验探究的乐趣。

3.假设女儿看到毛毛虫就吓得哭，你会怎么做?

A.让她远离毛毛虫

B.激起她对毛毛虫的兴趣，让她战胜恐惧心理

很多孩子惧怕毛毛虫之类的软体动物，家长也就保护孩子远离这些动物。可是，孩子一旦进入社会后，各种危险都是不期而至的，如果孩子连一只毛毛虫都怕，将来怎么办呢？所以，与其保护孩子远离危险，不如将危险的东西变成研究的对象，让孩子从生物学的角度认识毛毛虫，去查相关的资料，甚至去做毛毛虫的实验，这样，不但能激起孩子的求知欲，还能帮孩子战胜恐惧。

孩子的求知欲直接决定着他的探究和创新意识。创新是一个

民族不断发展的灵魂和动力，父母应帮助孩子去探求未知，时刻保持着强烈的求知欲，让希望的光常亮。

培养孩子各方面的兴趣

美国著名的教育家卡尔·威特培养了一个天才般的儿子：8岁能自由运用德语、法语、意大利语、拉丁语、英语和希腊语6国语言，通晓化学、动物学、植物学和物理学，尤为擅长数学；9岁考入莱比锡大学；10岁进入哥廷根大学；13岁出版了《三角术》一书；14岁被授予哲学博士学位；16岁获得法学博士学位，并被任命为柏林大学的法学教授。

面对这些令人讶异的成绩，作为小卡尔（父子同名，为了区分在文章中称儿子为小卡尔）的父亲，卡尔·威特却说，比起这些在外人看来很骄傲的成就，他的儿子成了一个能感受到生活中美好事物的人更让他骄傲。他们夫妇从小就培养小卡尔各方面的兴趣，就是希望他可以成为一个充满情趣和幸福感的人。

很多父母在培养孩子兴趣的时候都有一个误区，那就是以一种十分功利性的心态去看待孩子的兴趣。孩子喜欢钢琴，就去给孩子上很贵的钢琴课，让孩子去考钢琴八级，甚至十级。结果抹杀掉了孩子对于钢琴的兴趣，可以说得不偿失。

作为家长，教育孩子不一定就是让孩子出人头地，一定要让孩子能感到生活的乐趣。幸福指数与一个人做出什么惊天动地的事情无关，幸福是一个人的心理感受，兴趣广泛内心丰富的心灵更能获得真正的幸福。

培养孩子多方面的兴趣，让孩子感受艺术的美妙，无疑会给孩子日后的生活带来美妙的体验。叔本华就曾说过，艺术之于人最大的贡献即在于艺术可以为人疲惫的日常生活提供一个暂时的身心栖息地，在这里人们都会暂时忘记人生的悲苦与辛酸。

因此，智慧的家长，都会以一种轻松的心态，培养孩子各方面的兴趣，给孩子的生活增加些许情趣，让孩子在克服累累俗事之余有一片灵魂的栖息地。

培养孩子多方面的兴趣

生活是一面多棱镜，从不同的角度能看出不同的色彩和内容。兴趣也像多棱镜一样，每一种兴趣背后都隐含了对生活的不同感受。培养孩子各方面的兴趣，就是给孩子一把认识生活、认识世界的钥匙。

你是懂得培养孩子各方面兴趣的父母吗？

1.你觉得培养孩子各方面的兴趣影响孩子的学习吗？

A.影响，简直是浪费时间

B.不影响，对孩子的学习还有一定的帮助

有的父母认为培养各方面的兴趣会耽误孩子学习，不利于孩子的前途。有的父母则认为孩子兴趣广泛的话，对孩子将各个方面的知识打通很有帮助，对孩子的学习有着很大好处。父母对培养孩子兴趣的必要性的认识决定了孩子的生活是单调还是多彩的，也决定了孩子的眼界是宽还是窄。

2.很多父母想把孩子培养成全才，给自己的脸上增光，你怎么看待这种现象？

A.正常啊，父母都是这样想的

B.没有必要，孩子不是父母炫耀的工具

父母希望孩子在各个方面都优秀是正常的，但是，不同的父母在面对优秀的孩子时会有不同的心态。有一部分父母有着传统的“光宗耀祖”思想，认为孩子优秀了，就可以把别人比下去，这样非常有面子。但是，父母一定要明白，孩子不是我们炫耀的工具，不能为了炫耀让孩子学这学那，这样根本就不是在培养孩子的兴趣，而是变成了强迫孩子去学习。

3.你是真的用心在培养孩子各方面的兴趣吗?

A.当然了，对他有求必应

B.是的，精心培养

培养孩子各个方面的兴趣不是一件说说就可以的事，它不但要求父母满足孩子发展兴趣的各项条件，更重要的是父母要处处用心，暗中引导孩子去发展兴趣，让孩子真正喜欢。

培养孩子在各个方面的兴趣，是教会孩子懂得生活、热爱生活的良方。

让孩子成为探路者而非模仿者

人类的历史是一部冒险史，是一部对未知事物的探索史。也正是由于探索和冒险，人类的文明才一步一步前进。对于个人来说也是如此，一个人想要有所成就，探索精神和冒险精神必不可少。

一个曾在美国留学并执教多年的教育专家在他的调查中写道：

刚到美国不久，我就发现这里的父母对孩子的爱比起中国的父母要淡很多，有时候我甚至怀疑美国的父母真的爱他们的孩子吗，因为他们对于自己的孩子总是表现出“满不在乎”的样子。

在美国的不少家庭中，你都会发现这样的情形：当孩子在房子后面的苹果树上爬来爬去，父母也只是在家里忙着他们自己的事情，从来都不会制止；当孩子拖着重重的铁锹，艰难地向前迈着步子，父母也只是远远地观望着，从来都不会主动伸手去帮助一下；甚至当孩子拿着梯子，想爬上房屋去看看时，父母都没有多大的反应。

我想起了在中国，当孩子要去爬苹果树时，他的妈妈一定会因为害怕孩子从树上掉下来而去阻止他；当孩子拖着重重的铁锹时，父母也一定不会袖手旁观，而是急忙去帮助孩子拿起铁锹；至于孩子想爬上屋顶去看看，那更是不可想象的事情，“万一摔一下，那怎么办？”中国的父母一定会这样问。可是美国的父母怎么就不会这样想呢？

难道美国的父母真的不爱他们的孩子吗？我不相信天下有不爱自己孩子的父母，于是我决定去问问住在我隔壁的泰瑞的爸爸。

“哦，你怎么会这么想呢？我们当然爱我们的孩子，所以才让他们去自由地探索和冒险，要知道只有那些勇于探索和冒险的孩子，才可能成为未来社会的探路者。”泰瑞的爸爸笑着说。

这就是中西方教育的不同，在西方，父母在孩子很小的时候就开始去培养他们的探索精神和冒险精神，甚至会想尽办法锻炼孩子的勇气和胆识。比如在观看马戏时，马戏团会有这样一个环节，即在牛身上挂满玩具，然后对孩子说“谁愿意要那些玩具，都可以上台从公牛身上取”。很多孩子都会踊跃上台，和牛斗勇斗智，然后取得玩具。在一旁观看的父母也不会告诉孩子危险，阻止孩子去那样做，他们会在观看孩子机灵的表现时给孩子送去掌声，给孩子加油。

可是，在中国，很多父母总是因为担心孩子受到伤害而竭力反对孩子去冒险和探索。要知道，西方孩子积极探索、不畏艰险的精神绝不是通过保护获得的，而是家长放开手脚让孩子锻炼出来的。

当然，这并不是鼓励父母为了锻炼孩子让孩子平白无故去冒险，只是孩子在成长的过程中，总是对这个世界充满了好奇心，会想亲自去看个究竟，甚至亲自去求证自己的一些猜想，这个时候，父母应该对孩子表现出来的探索和冒险进行鼓励和支持。只有这样，孩子在他以后的人生中才想去做一个探路者，而不是一个跟在父母后面亦步亦趋的模仿者。

那么，若想培养孩子成为探路者，父母最需要注意的是什么呢？最主要的就是解放自己的思想，决不能因噎废食，要让孩子迎接每一个挑战、尝试每一个新想法。

我们都不怀疑“父母之爱子女，必为之计深远”，但鼓励和支持孩子去探索，让孩子成为未来的探路者而并非模仿者，才是真正的爱孩子，为孩子的未来负责。

让孩子成为探路者

让孩子成为探路者而非模仿者，父母转变思想的同时，要学会鼓励孩子，在孩子尝试前，不要轻易地用“难”或“易”来评价一件事。看看这些例子，你就明白该怎样让孩子敢做第一个吃螃蟹的人了。

1.孩子的个子还不够高，却要骑自行车，你会怎么做？

A.阻止他

B.随他去，尝试后他才死心

当孩子准备做一件事，父母如果阻止或通过吓唬的方式让孩子不敢行动的话，对培养孩子的冒险精神非常有害。“不能做，太危险”之类的话说多了，你的孩子就会畏首畏尾。

2.你是否给孩子限制在外玩耍的时间，还一再警告孩子不许乱跑乱动？

A.是的，担心他遇到什么危险

B.一般不管他

现在的父母对孩子溺爱的成分很多，真是“含在嘴里怕化了，顶在头上怕飞了”，只要见不到孩子都会往坏处想，生怕孩子吃了苦、受了罪。父母给孩子限制在外玩耍的时间，还告知孩子不许乱跑的话，隐含着父母对孩子暂时不在身边的担忧。其实，这种担忧是没有必要的，相反，你每一次都告诉孩子不许乱跑的话，孩子会产生惧怕，不敢去冒险尝试，只会走别人走过的路。

3.如果你看到儿子正在爬树，一般会怎么做？

A.叫他下来，危险

B.不管他，让他玩个尽兴

男孩子爬树是件很正常的事，爬树的过程中充满了征服的喜悦和挑战自我的成就感。如果你是第一次看到孩子爬树，不妨在一旁静静地观看，看看孩子是怎样冒险和怎样在冒险中学会保护自己的，你会发现他用胳膊抱紧了树，小心地把身子贴紧树，才慢慢地往上爬一段；然后，他会用双腿夹住树，将胳膊往上挪动，如此循环，每一步都有胳膊或腿做安全防护。明白这一点，你也就不用担心孩子的安全了。如果他已不是第一次爬树了，那么就有更丰富的经验，你也不用担心了。

家长们一定不要凡事都替孩子做好，只让孩子享受成果；更不要把路都为孩子探好，让孩子重复。只会享受别人劳动成果或重复别人走过的路的孩子，一定不会是探路者，最多算是个于人于己都无意义的模仿者。

鼓励孩子养成善于思考的好习惯

法国大革命的启蒙思想家伏尔泰曾经说过：“当一个人开始思考的时候，他才能算是一个真正意义上的人。”他的这句话强调了独立的思考能力对人类来说至关重要。

无独有偶，法国思想家帕斯卡尔也有这样一句名言：“人是一根有思想的芦苇。”他的意思是说，人的生命像芦苇一样脆弱，宇宙间任何东西都能置人于死地。可即使如此，人依然比宇宙间任何东西高贵得多，因为人有能思想的灵魂、可以独立思考的能力。

独立思考的能力就是在不借助外力的情况下独自探究和解决

问题的能力，它是一个人成熟的表现之一，也是一个人走向成功的必备素质。因此，许多教育学家认为，培养孩子独立思考的能力要比掌握知识更重要。

家庭教育一定要注意对孩子独立思考能力的培养。家长不能让孩子习惯于饭来张口衣来伸手，不然孩子永远也无法独立思考。面对生活中的琐事，家长不要仅仅提供答案，要启发和鼓励孩子独立思考，并有意识地培养孩子科学的思维方法。

独立思考能力决定了孩子长大后是否是一个有主见的人，决定了孩子遇到问题是否能独自渡过难关，决定了一个孩子成功概率的大小。父母一定要注意培养孩子独立思考的能力，具体说来，大概要注意以下几点：

第一，以身示范，带头做独立思考的人。

培养孩子独立思考的能力需要为孩子创造一个独立思考的环境。爸爸妈妈都有强烈的独立思考意识，才能要求孩子自己去想办法解决问题。如果家里的每一个成员凡事都独立思考，并将这种独立思考意识传达给孩子，才能期望孩子在耳濡目染中学会独立思考。

第二，引导孩子独立思考。

父母要有意地引导孩子独立思考，比如，在教孩子背诵古诗词时可以说出上句或下句，让孩子说出下句或上句；给孩子讲故事时，可以给孩子讲过之后，让孩子自己组织语言，给你讲一遍。此外，在生活中，要抓住可以向孩子提出问题的机会，鼓励孩子思考，渐渐让孩子养成思考的习惯。

第三，父母要及时打破传统观念，更新知识结构。

随着人类对外界认识的加深，知识也在不断更新。如果父母的思想过于陈旧的话，就会降低在孩子面前的威信.所以，父母在培养孩子独立思考能力的同时，也要不断更新自己的知识结构，以便应对孩子接触到的新知识或新潮的观念，引导孩子跟上时代的步伐。

独立思考是非常重要的品质，培养孩子独立思考的能力是帮助孩子走向成功的必备条件。家长一定要鼓励孩子养成独立思考的好习惯，去迎接学习和生活中的每一个难题。

培养孩子独立思考的能力

培养孩子的独立思考能力并不是一件难事，它可以贯穿在生活中的细节里，哪怕是在饮食穿衣方面都可以锻炼一个孩子的思考能力。

你是细心的父母吗，是否会抓住每一个机会锻炼孩子的思考能力呢？

1.孩子问一个字什么意思时，你会怎么做？

A.告诉他

B.让他自己去查字典

汉语是我们的母语，对于汉字我们要有全面的认识。汉字属于表意文字，可以通过字形揣测其中的含义。当孩子问你一个字什么意思时，如果不影响他阅读，你不妨建议他去查字典或者告诉他根据字形自己先分析一下再去查字典求证。

2.孩子周末有活动，跑来问你“妈妈，我几点起床才不迟到啊”，你会怎么做？

A.帮他估测一下时间

B.引导他自己去考虑时间安排

孩子对父母形成很强的依赖性后会动不动就问父母该怎么办，所以，父母一定要防止这种情况发生。对于这种只要他稍做思考就能决定的事情，父母一定不要代劳。让孩子自己去思考、去决定，不但能锻炼孩子的独立思考能力，还能锻炼孩子的决断能力。

3.当孩子问你一道特别难的题目时，你会怎么做?

A.帮他分析采用什么方法解答

B.帮他写出具体的推算过程

当孩子遇到特别难的题目时，父母就不要置之不理让孩子自己去做了，这样会打消孩子的积极性。当然，父母也不能代劳，替孩子写出具体的推算过程和结果，而是应该给孩子一些引导，然后再让孩子去思考，体验克服困难之后的成就感。

4.当孩子对新鲜事物好奇，问你相关问题时，你会怎么做?

A.告诉孩子，满足他的好奇心

B.让孩子自己去猜想，然后找资料去求证

孩子的思维是很活跃的，他们常常会有些离奇的问题或想法。这时，父母不要用所谓的“标准答案”来束缚孩子的思维，应该鼓励孩子去联系、想象、推理，或者让孩子去查资料寻找答案。对于孩子来说，答案不是最重要的，最重要的是思考的过程。

只要用心，父母就会发现生活中培养孩子思考能力的机会很多。要着重培养孩子的独立思考能力，不要提供现成的答案，引导孩子自己去思考。